梦溪笔谈译注

（宋）沈括 著
王洛印 译注

北京联合出版公司
Beijing United Publishing Co.,Ltd.

目录

卷二 故事二

卷三 辩证一

卷四 辩证二

卷五 乐律一

卷六　乐律二

卷七　象数一

卷八　象数二

卷九　人事一

卷十　人事二

卷十一　官政一

卷十二　官政二

卷十三　权　智

卷十四　艺文一

卷十五　艺文二

卷十六　艺文三

卷十七　书　画

卷十八　技　艺

卷十九　器　用

卷二十　神　奇

卷二十一　异事（异疾附）

卷二十二　谬误（谲诈附）

卷二十三　讥谑（谬误附）

卷二十四　杂志一

卷二十五　杂志二

卷二十六　药　议

补笔谈　卷　一

补笔谈　卷　二

补笔谈 卷 三

续笔谈

前　言

《梦溪笔谈》是北宋人沈括所著的一部笔记体著作。沈括（1031—1095），字存中，北宋杭州钱塘县（今浙江杭州）人。其曾祖父曾任大理寺丞，外祖父许仲容曾任太子洗马，二舅父许洞为咸平三年（1000）进士，父亲沈周（字望之）以进士起家，曾做过多任地方官，母亲许氏是一个知书识礼的名门闺秀。因此可以说沈括出身于名门望族，且家人都有深厚文化教养。沈括自幼勤奋好学，至和元年（1054）以父荫入仕，任海州沭阳县（今属江苏）主簿。宋仁宗嘉祐八年（1063）进士及第。治平元年（1064）任扬州司理参军，为淮南转运使张蒭所赏识，以次女嫁其为继妻。不久，丈人张蒭进京为秘阁校理，引荐沈括为校书郎，编校昭文馆籍，在这里开始研究天文历算。熙宁五年（1072）提举司天监。七月，加史馆检讨。熙宁六年（1073），迁集贤校理。五月，奉命详定三司令敕。六月，奉命相度两浙路农田水利、差役等事，兼察访。熙宁七年（1074）迁太常丞、同修起居注。七月，迁右正言，擢知制诰、兼通进银台司。八月，为河北西路察访使。九月，兼判军器监。熙宁八年（1075）

出使辽国交涉划界事宜，获成而还。次年任翰林学士，权三司使，整顿陕西盐政。熙宁十年（1077）七月罢权三司使，以集贤院学士知宣州。元丰三年（1080）六月，起用知延州，担任鄜延路经略安抚使，身负防范西夏重任。元丰五年（1082）二月，由龙图阁待制升为龙图阁直学士。八月，因永乐城之战中为西夏所败而被贬，责授均州团练副使，随州安置，从此形同流放，政治生涯终结。元丰八年（1085），改授秀州团练副使，本州安置。元祐三年（1088）进献《守令图》，被允许任选地方居住。此后，移居到润州（今江苏镇江）京口梦溪园，潜心学问，撰写《梦溪笔谈》，直至绍圣二年（1095）去世。

据沈括《自志》，他“年三十许”时，曾梦见来到一处小山，见“花木如锦覆，山之下有水，澄澈极目，而乔木翳其上”，因而“梦中乐之，将谋居焉”。后来他常梦至其处，“习之如平生之游”。熙宁十年（1077），他曾托人在京口买了一块园圃。几年后沈括路过京口，见其地，恍然觉得正是梦中所游之地，于是举家移居于此，建舍筑轩，将门前小溪命名为“梦溪”，庭院名之为“梦溪园”。沈括在这里潜心著述，完成了融合其毕生经历和心血的不朽名著《梦溪笔谈》。此书约成书于宋哲宗元祐年间（1091年左右）。全书二十六卷，外加《补笔谈》三卷，《续笔谈》一卷，共三十卷。分为故事、辩证、乐律、象数、人事、官政、权智、艺文、书画、技艺、器用、神奇、异事、谬误、讥谑、杂志、药议等十七个门类，内容涉及的范围异常广泛，包括天文、历法、气象、地质、地理、物理、化学、生物、农业、水利、建筑、医药、历史、文学、艺术、人事、军事、法律等诸多领域。其中属于人文学科如文学、艺术、历史等方面的内容约占全书的18%；属于自然科学方面的内容约占全书的36%；其余的则为人事资料、军事、法律以及杂闻轶事等，约占全书的46%。

《梦溪笔谈》成书以后不久即刻版流传，经常为人引用且评价很高，南宋时引用和辩论此书的学者更多。苏门四学士之一的张耒曾称："近世传沈存中《笔谈》，所载殊有佳处。"近世以来，《梦溪笔谈》在世界上更为声名远播。日本早在19世纪中期，就排印了这部名著；20世纪，英、美、意、法、德等国家都有学者对《梦溪笔谈》进行系统而又深入的研究。个中原因应该是出于对科技的重视。对中国科技史有深入研究的英国著名科学家、学者李约瑟曾评价《梦溪笔谈》为"中国科学史的地标"(a landmark in the history of science in China)，这句话可以从如下两个方面进行考虑：

一是《梦溪笔谈》集中体现了中国古代杰出的科技成就。按现代科技标准分类，《梦溪笔谈》有三分之一的条目可以分归或互见于现代科技的诸多门类。其中多个条目所描述的科技水平达到了中国历史上前所未有的高度，甚至在其后数百年间也无从超越，有一些更是超越了同期西方几百年。例如沈括在考察了温州雁荡山独特的地形地貌，并分析其成因之后指出："原其理，当是为谷中大水冲激，沙土尽去，唯巨石岿然挺立耳。"这种"流水侵蚀作用"的看法直到18世纪末才在英国出现，比沈括晚了约700年。又比如沈括对于磁针不完全指南现象的发现，西方直到1492年才由哥伦布发现，比沈括足足晚了400多年。类似的例子在《梦溪笔谈》中经常出现。沈括通过《梦溪笔谈》表现出的科技方面的探索精神和认知能力，不仅在宋代独树一帜，在整个中国古代乃至同期的西方世界也几乎无可匹敌，称其著作为"中国科学史的地标"确实恰如其分。

二是《梦溪笔谈》彰显了中国古代科学的地域特色和文化属性。古代的科学由民族文化传统所决定，是社会文化不可分割的一个重要组成部分。关于中国古代是否存在科学，目前学界观点并不一致。但不能否认，中国古代是存在科学知识的，而且一些科学知识还曾经达到过相当高的水平。我国古代科学与西方科学分属两个完全不同的文化传统，这就造成了二者的几个显著不同。简单地说，我国古代科学重于现象描述而轻于理论构建，重于整体实用而轻于分析思辨，重于整体论而轻于还原论。这几个主要特点互相关联，有传统农业文化的内因性。一般认为，我国的古代科学主要有农、医、天、算四个门类，算是比较成熟的知识体系，但仔细分析一下就不难发现，这四个体系都与实用有极大关系。以最为抽象也最具有科学性的算学为例，它所讨论的绝大多数问题都是以直接服务于生产生活的实际应用为主要目的，采用形式多为一题一答一术，没有体系自洽的内在逻辑和前后因果联系，看上去更像技术而不是科学。《梦溪笔谈》一书中载有大量的农、医、天、算内容条目，同时由于其为笔记体，上述的几个特征就表现得更为明显。虽然全书提到了很多科学发现，但绝大多数都是现象描述，没有科学概念的界定和表述，也就没有逻辑推论。这种偶然性的科学发现虽然有时远较西方为早，但至多只能算是科学知识而不是产生知识的科学方法，它呈碎片化，以技术实用为主要目的，几乎不具备再生创新的可能性，也就不会导致科学革命的产生。李约瑟先生以“landmark”（地标）一词来评价《梦溪笔谈》，说明其在中国科学史上的重要地位，我们在理解上似应包含这一层意思。

美国科学史家席文说过，沈括认为科学技术应该具有道德和美学意义。中国古代的科学家都主张文以载道，其著作的各部分内容是一个有机的整体，都是为了说明一个“道”而存在。我们不能因为今天社会对科技的重视就片面地择取出与科技相关的内容而予以大加赞扬，对其他部分却视而不见。除了科技之外，《梦溪笔谈》在史学、艺术、文学、考古学等其他多个方面的成就也非常突出。例如该书关于古代礼仪、职官、舆服、科举等方面的记述达上百条之多，是研究唐宋社会的重要历史资料。沈括是一位博学家，中国传统上将其列入杂家的范畴。他的研究虽杂但并不泛浅，而是广博且又专精。无论在人文社会科学领域还是科学技术领域，沈括都称得上是一个不世出的天才式人物。《宋史·沈括传》曾评价其为："博学善文，于天文、方志、律历、音乐、医药、卜算无所不通，皆有所论著。"对于这样一位杰出人物，这样一部百科全书式的著作，如果只谈其科技内容而不及其余，不但不符合实际情况，也有悖于沈括本人的意愿。《梦溪笔谈》是沈括晚年的总结性著作，是其一生学问的精粹所在，其中每一条在其本人看来都是有寓意心得而值得记录的。当然由于历史的局限性，其中也有一些条目现在看来存在某些问题甚至错误，我们在阅读时理应注意到这一点。借助这部著作，可以对宋代的社会和历史增加了解，对我国的传统文化加深认知，如果在此基础上还能获得一些启迪和感悟，比之单纯地将其定位为一部科技著作，显然更具有价值和意义。

按胡道静先生的划分，全书包括《补笔谈》《续笔谈》在内共有609条。限于一些条目内容的长度和本书篇幅问题，译注者只选取了全书条目的约四分之一。条目虽少但力求内容多样，基本涵盖原著的风格和全貌，这样有助于读者在较短时间内领略该著作的主要内容和旨趣。与原著不同的是，本书所选取的条目都添加了条目序号和小标题，以方便读者查询和阅读。此外，译注者还在分类标题以及各个条目下加写了简要的题解，以概括条目的主要内容或者简述读后的所感所思，不一定准确，但作为管窥之见以抛砖引玉，则又未尝不可。选目原文主要依据胡道静先生的《〈梦溪笔谈〉校证》(2011)，同时参考了元大德本的影印本，个别字词和标点有所改动，并在紧要处作了说明。注释和译文等还参考了张富祥先生译注的《梦溪笔谈》(2009)，胡道静、金良年先生的《〈梦溪笔谈〉导读》(2009)，胡道静、金良年、胡小静先生的《〈梦溪笔谈〉全译》(1990)，以及中国科学技术大学和合肥钢铁公司《梦溪笔谈》译注组的《〈梦溪笔谈〉译注》(1978) 等。题解、注释和译文都力求简明扼要、晓畅易懂，其中不免有讹误之处，还请方家批评指正。

王洛印

2014 年 1 月

卷一　故事一

“故事”为“旧事、旧业、先例、典故”之义。《梦溪笔谈》“故事”一门，分为两卷，内容多为记述和谈论当时朝政的典章故事，涉及礼仪风俗、职官制度、舆服器具、图书典籍、科举制度、朝政施行等内容，并兼及诸多历史掌故。沈括所记内容多为当时人们已不甚熟知或不知由来的事项。宋朝典制多沿自唐朝，故沈括叙述其源流亦往往溯及唐代。

1.亲郊庙次序

题解

本条说明了皇帝祭天和祭祖的先后顺序，并溯至唐代，考证了该制度之由来。

上亲郊庙[①]，册文皆曰“恭荐岁事”[②]。先景灵宫[③]，谓之“朝献”；次太庙，谓之“朝飨”；末乃有事于南郊[④]。予集《郊式》时[⑤]，曾预讨论[⑥]，常疑其次序：若先为尊，则郊不应在庙后[⑦]；若后为尊，则景灵宫不应在太庙之先[⑧]。求其所从来，盖有所因[9]。按唐故事，凡有事于上帝[10]，则百神皆预遣使祭告，唯太清宫、太庙则皇帝亲行[11]。其册祝皆曰："取某月某日有事于某所，不敢不告。"宫、庙谓之"奏告"，余皆谓之"祭告"[12]，唯有事于南郊，方为"正祠"。至天宝九载乃下诏曰[13]："'告'者，上告下之词。今后太清宫宜称'朝献'，太庙称'朝飨'。"自此遂失"奏告"之名，册文皆谓"正祠"。

注释

①亲郊庙：皇帝亲自参加郊祀和庙祀，即祭天和祭祖。郊，南郊，宋人用于祭天的"寰丘"（类似于明清北京的天坛）即筑于都城开封的南薰门外。宋制，皇帝每三年的冬至日举行一次"亲郊"仪式。庙，太庙，安放皇帝祖宗神位的场所。

②册文：贡献给天地神灵的祝词文书。恭荐岁事：岁时祭祀，恭敬地进献祭品。荐，进献。岁事，岁时祭祀。

③景灵宫：位于皇宫正门附近，皇帝奉祀本朝历代帝、后的场所，其内供奉已故帝、后的画像，即"御容"。

④有事：祭祀。

⑤予集《郊式》：指沈括在熙宁（1068—1077）初年奉诏考辨礼仪沿革，编修《南郊式》。

⑥预：参与。

⑦郊不应在庙后：郊祀祭天，庙祀祭祖，皇帝为"天子"，郊应尊于庙。

⑧景灵宫不应在太庙之先：景灵宫奉祖宗"御容"，

应尊于庙。

⑨ 盖有所因：应该有其因袭。盖，连词，表推测原因。因，因袭，传承。

⑩ 有事于上帝：即祭祀“昊天上帝”。

⑪ 太清宫：即老子的庙。老子名李耳，因姓相同，唐朝皇帝自称为老子后裔。高宗时追封老子为太上玄元皇帝。玄宗时命各地普建玄元皇帝庙，在京师者称为玄元宫，后改名为太清宫。

⑫ 奏告：因为太清宫、太庙所供奉者为皇帝祖先，所以称为“奏告”。古时下对上言事称为“奏”。对其他神灵祭祀则称为“祭告”。

⑬ 天宝：唐玄宗年号（742—755）。天宝三年（744）“改年为载”，自此凡“天宝某年”皆称“天宝某载”，唐肃宗至德三载（758），复改“载”为“年”。

译文

皇上亲自参加郊祀和庙祀典礼，祝词文书都称“恭荐岁事”。先到景灵宫祭祀，称之为“朝献”，然后到太庙祭祀，称之为“朝飨”，最后才至南郊祭天。我在编纂《南郊式》时，曾参与讨论，常怀疑这三项典礼的次序：如先祀者为尊，则祭天的郊祀不应在祭祖的庙祀之后；如以后祀者为尊，则景灵宫之祀又不应在太庙之前。考察如今这种祭祀顺序的由来，是有所因袭的。按唐朝的旧制，凡是祭祀上帝，则对众多神灵都预先派遣使者祭告，只有太清宫、太庙的祭祀，皇帝才亲自参加。所有祝词文书都称：“取某月某日有事于某所，不敢不告。”太清宫、太庙的祭祀称为"奏告"，其余则称为"祭告"，只有南郊祭天才称为"正祠"。至天宝九年，皇帝又下诏说："所谓'告'，本是上对下谈话的用词。今后太清宫的祭祀应称为'朝献'，太庙的祭祀称为'朝飨'。"自此以后，"奏告"的名称就不再用了，祝词文书都称为"正祠"。

2.驾头扇筤

题解

本条介绍了皇帝出行时御用坐具、扇筤等器物的仪轨。

正衙法座①，香木为之②，加金饰，四足，墮角③，其前小偃④，织藤冒之⑤。每车驾出幸⑥，则使老内臣马上抱之，曰"驾头"⑦。辇后曲盖谓之"筤"⑧；两扇夹心通谓之"扇筤"⑨。皆绣，亦有销金者⑩，即古之华盖也⑪。

注释

① 正衙：唐、宋时正式朝会听政的处所，宋时指文德殿。法座：正座，君主听政时的坐具。

② 香木：散发香气的木材，如沉香、檀香等木材。

③ 墮 huī 角：没有角，即圆角。墮，通"隳"。当时法座的式样为圆机。

④ 其前小偃：它的前面稍许凹陷。平面形状近似弯

月或腰圆形，这种杌子古代又称为“月样杌子”。

⑤ 织藤冒之：指座面为藤织。冒，覆盖。

⑥ 车驾出幸：皇帝出行。车驾，皇帝所乘的车，亦用为帝王的代称。出幸，指皇帝出行。

⑦ 驾头：宋代皇帝出行时仪仗之一，法座在仪仗中的位置在皇帝车驾之前，故称“驾头”。

⑧ 辇：皇帝的坐车。曲盖：仪仗用的曲柄伞。筤 láng：曲柄伞。

⑨ 两扇夹心：指曲盖左右各有一扇。

⑩ 销金：嵌金线，此处指用金线绣饰。

⑪ 华盖：帝王车驾的伞形顶盖。此处指筤在仪仗中的位置相当于古时的华盖。

译文

皇帝在文德殿的坐具，以香木制成。外表加金饰，四条腿，圆角，前面稍稍凹陷，织藤座面。每当皇帝出行，就让年老的太监在马上抱着该坐具，称为“驾头”。皇帝车架后的曲柄伞称为“筤”。曲盖左右各有一扇，连同曲盖统称为“扇筤”。扇筤都绣有花纹，也有用金线绣饰的，这就是古时仪仗中的华盖。

3.翰林院

题解

本条介绍了唐代翰林院在宫中的位置、翰林的称谓及其与宋时的异同。

唐翰林院在禁中[①]，乃人主燕居之所[②]，玉堂、承明、金銮殿皆在其间[③]。应供奉之人，自学士已下，工伎群官司隶籍其间者[④]，皆称"翰林"，如今之"翰林医官""翰林待诏"之类是也[⑤]。唯翰林茶酒司止称"翰林司"[⑥]，盖相承阙文[⑦]。

注释

① 翰林院：唐代初置。宋代以翰林院勾当官总领天文、书艺、图画、医官四局，以致御厨茶酒亦有翰林之称。至于翰林学士供职之所，在唐代为学士院，至宋始称翰林学士院。禁中：指皇帝所居皇宫。

② 燕居：退朝而处，闲居。

③ 玉堂：今人考作"浴堂"，浴堂又称浴殿，唐时皇帝常在这里召见文人学士。承明：古代天子左右路寝称承明，因承接明堂之后，故称。金銮殿：唐朝宫殿名，文人学士待诏之所。

④ 工伎：指从事工程、绘画、乐舞等各种技艺的技工。群官司：各种官差司务。隶籍：指名籍所属。

⑤ 翰林医官、翰林待诏：宋代在翰林院供职的伎艺之人都带"翰林待诏"（所谓待诏，即等待皇帝差遣的意思）之称。医官又称"翰林医官"。

⑥ 翰林司：宋代负责祭祀、朝会、宴飨之事的光禄

寺下属的一个机构，“掌供果实及茶茗汤果”（《宋史·职官四》）。

⑦ 阙文：此指“翰林茶酒司”省去“茶酒”二字而只称“翰林司”。阙，同“缺”。

译文

唐代翰林院在皇宫内，这里是皇帝平日休息起居之处。浴堂、承明、金銮殿都在此院附近。所有在翰林院供职的人员，自学士以下，从事各技艺的技工及各种官差司务，只要是隶属本院的，都可称为“翰林”，就如同现在的“翰林医官”“翰林待诏”之类。唯有翰林茶酒司，现在只称“翰林司”，大概是由于习俗相沿而省略称呼的缘故。

5.学士院故事

题解

本条回忆了学士院的旧制及一些轶事，说明皇帝对学士院的重视。

学士院玉堂①，太宗皇帝曾亲幸②。至今唯学士上日许正坐③，他日皆不敢独坐。故事④：堂中设视草台⑤，每草制⑥，则具衣冠据台而坐。今不复如此，但存空台而已。玉堂东承旨阁子⑦，窗格上有火燃处。

太宗尝夜幸玉堂。苏易简为学士[8]，已寝遽起，无烛具衣冠。宫嫔自窗格引烛入照之。至今不欲更易，以为玉堂一盛事。

注释

①学士院：官署名。开元二十六年（738），由唐玄宗设置，负责起草任免将相等的机密诏令，并备咨询要政。宋代称翰林学士院，职责与唐代略同。玉堂：官署名。汉侍中有玉堂署，宋以后翰林院正厅亦称玉堂。

②幸：指皇帝驾临。

③上日：朔日，即农历每月初一。

④故事：先前的做法，旧制。

⑤视草台：古代学士院起草或修正诏谕的地方。

⑥草制：草拟制书。

⑦承旨：官名。唐代学士院有翰林学士承旨，位在诸学士上。凡大诰令、大废置、重要政事，皆得专对。宋、元仍承其制。阁gé：同“阁”。承旨阁子为翰林院的官署。

⑧苏易简（958—997）：字太简，梓州铜山（今属四川）人。太平兴国五年状元，历翰林学士承旨，官至参知政事。

译文

学士院的玉堂，太宗皇帝曾亲自视察过。至今，学士们只有在每月初一才可以到厅上就座，其他的日子都不敢单独去坐。按旧例，玉堂中设有视草台。每当学士们起草诏书时，便穿戴好官服坐在台上，现在不再这样做了，仅剩下空台而已。玉堂东侧承旨阁子窗格上有一块火烧过的痕迹。太宗皇帝曾经晚上来到学士院，苏易简当时为学士，已经睡下而匆忙起身，没有灯烛照明，无法穿戴官服，宫女就从窗格间伸进灯烛给他照明。至今学士院不打算换去这扇窗子，将它视为玉堂的一大盛事。

9.中国衣冠用胡服

题解

本条记述了中国衣冠自北齐以来一直利用胡服的样式及穿着胡服的好处，并附带说明了中国利用胡服之后的礼仪及其演变。

中国衣冠，自北齐以来[①]，乃全用胡服[②]。窄袖绯绿短衣，长靿靴[③]，有蹀躞带[④]，皆胡服也。窄袖利于驰射，短衣长靿皆便于涉草。胡人乐茂草，常寝处其间[⑤]，予使北时皆见之[⑥]，虽王庭亦在深荐中[⑦]。予至胡庭日，新雨过，涉草，衣袴皆濡，唯胡人都无所沾。带衣所垂蹀躞，盖欲佩带弓剑、帉帨、算囊、刀砺之类[⑧]。自后虽去蹀躞，而犹存其环。环所以衔蹀躞，如马之鞦根[⑨]，即今之带銙也[⑩]。天子必以十三环为节，唐武德、正观时犹尔[11]。开元之后，虽仍旧俗，而稍褒博矣[12]。然带钩尚穿带本为孔[13]，本朝加顺折[14]，茂人文也[15]。

注释

①北齐：北朝一个朝代名。550 年建国，据有今河北、山东、山西、河南及辽宁省西部。577 年为北周所灭，历六帝，二十八年。

②胡服：指古代西方和北方各少数民族的服装，后亦泛称外族服装。古籍称北方边地及西域各民族为“胡”，史载战国时赵武灵王提倡胡服骑射。

③长靿 yào 靴：长筒靴。靿，靴或袜子的筒儿。

④蹀躞 diéxiè 带：装饰有蹀躞的腰带。蹀躞，一种北方少数民族特有的装饰物，样式不详。

⑤寝处：坐卧，止息。

⑥使北：出使北方。宋神宗熙宁八年（1075），沈括曾出使辽国。

⑦荐：草。

⑧帉帨 fēnshuì：佩巾。算囊：即算袋。本指盛算筹的革袋，后来成为一种装饰品，亦用以盛他物。刀砺：小刀和磨刀石，古人或少数民族随身携带的日用品。

⑨鞦 qiū 根：套车时拴在牛马屁股后面的革带称“鞦”，“鞦根”当是此种革带上的带环。

⑩銙 kuǎ：古代附于腰带上的装饰品，用金、银、铁、犀角等制成。

⑪ 武德：唐高祖李渊年号（618—626）。正观：即贞观，唐太宗李世民年号（627—649）。尔：如此，这样。

⑫ 褒博：宽大。

⑬ 带钩：束腰革带上的钩。一端曲首，背有圆钮，或作动物形，或铸有花纹，样式不一。多用铜制，亦有用铁或玉等制作者，用以系连腰带两头。穿带本为孔：指带钩固定须在腰带根部穿孔嵌入。

⑭ 顺折：此二字之意待考。学者张富祥考指唐人所称的“铊尾”，亦称“挞尾”，即腰带下插的垂头。史载古时韦带垂头反插，唐高祖曾令下插，以取顺下之义。宋代挞尾亦视官阶高下，分别以金、玉、犀、银、铜、铁为饰。

⑮ 茂人文：更增加了礼制文化的色彩。

译文

中国的衣冠服饰，自北齐以来，全都采用少数民族的服装式样。袖子窄瘦，或红或绿的短上衣，长筒靴，装饰有蹀躞的腰带，这些都是北方少数民族的服装。袖子窄瘦便于骑马射箭，短上衣、长筒靴都便于在草地中行走。北方少数民族喜欢茂盛的草地，经常在其间坐卧起居，我出使辽国时都曾亲眼看到过，即使他们的王庭也处于深草之中。我到辽国王庭那天，正好下过雨，其时过草地，衣裤都沾湿了，只有辽人没有一点沾湿。胡服腰带上所挂着的蹀躞，大概是为了佩带弓剑、手巾、算袋、刀子和磨石之类的东西。后来虽然去掉了蹀躞，但仍然保留下了蹀躞的环。环是用来连接蹀躞的，就像套车时拴在马屁股后面的鞦带环，也就是现在腰带上的銙。皇帝的腰带必以十三环作为分节的装饰，唐初武德、贞观年间也还是这样。开元之后，虽然沿袭旧俗，但变得稍微宽大了。带钩是在腰带根部穿孔固定的，而本朝添加了顺折，礼制文化的色彩就更为浓厚了。

15.槐厅之争

题解

本条描述了翰林学士们为升相位，逐风水而居的功利心态和势利行为。

学士院第三厅①，学士阁子当前有一巨槐，素号“槐厅”②。旧传居此阁者多至入相③，学士争槐厅，至有抵彻前人行李而强据之者④。予为学士时，目观此事。

注释

①第三厅：宋代学士院在枢密院之北，皇宫南侧。院门西向，入门为正厅（即“玉堂”）。厅后有一南北向主廊，北通学士院后门（即“北门”），

主廊左右有若干间直舍（称“阁子”），其东侧最北的一间称“承旨阁子，”此外均称“学士阁子”，自北向南依次称为第一厅、第二厅、第三厅等。

② 素：向来，一向。

③ 入相：升为宰相。

④ 抵彻：抵制撤除。彻，通“撤”。

译文

翰林学士院第三厅学士阁子前有一棵高大的槐树，向来称为“槐厅”。旧时相传住过此阁的学士后来多升至宰相，所以学士们都争住槐厅，以致有强行搬出前人的行李而占据此阁者。我为翰林学士时，亲眼见过这样的事。

17.三馆职事称学士

题解

本条根据唐代《集贤院记》的记载，考证说明了三馆的职事人员皆可称为学士。

《集贤院记》：“开元故事[①]，校书官许称‘学士’[②]。”今三馆职事皆称“学士”[③]，用开元故事也。

注释

①《集贤院记》：即唐人韦述撰写的《集贤注记》，二卷，记唐代开元、天宝年间集贤院设院始末、院中故事及学士名氏。

②校书官：古代掌校理典籍的官员。汉有校书郎中，三国时期魏国始置秘书校书郎，隋唐等都设此官，属秘书省，这里指唐代集贤院整理典籍的官员。唐代集贤院曾先后置学士、直学士、校理、待制等官，统称“学士”。后规定登朝官五品以上为学士，六品以下为直学士，学士中取位次最高者一人掌管院事，缺学士即以直学士中位次最高者递补。

③三馆：唐朝有弘文（亦称昭文）馆、集贤院、史馆三馆，负责藏书、校书、修史等事项。宋代将三馆合一，并在崇文院中。凡供职崇文院者，有学士、直学士、直馆、直阁、修撰、校理、检讨、校勘、校书等职名，统称馆职。两宋时期，民间沿唐俗，往往统称担任馆职者为“学士”。

译文

《集贤院记》记载：“开元旧制，校书官许称‘学士’。”现今在三馆供职的职事官都称为“学士”，是沿用了唐代开元时的成例。

18.雌黄改字

题解

本条描述了古代一种修改字迹的方法，即用雌黄涂在需要修改的地方，然后重新书写。该方法具有不伤纸、不脱落、涂抹上去的颜色与纸色相近和防虫蛀等优点。

馆阁新书净本有误书处①，以雌黄涂之②。尝校改字之法③，刮洗则伤纸，纸贴之又易脱；粉涂则字不没④，涂数遍方能漫灭。唯雌黄一漫则灭，仍久而不脱。古人谓之铅黄⑤，盖用之有素矣。

注释

①馆阁：北宋有昭文馆、史馆、集贤院三馆和秘阁、龙图阁等阁，分掌图书经籍和编修国史等事务，通称“馆阁”。净本：馆阁书籍经过精心校勘定本后，最后誊写清楚的定本。

②雌黄：矿物名，即三硫化二砷，半透明，柠檬黄色，有毒，能杀菌灭虫。古人写字用黄纸，如果有误，可用雌黄制成颜料，涂抹错误处然后改写，易于漫灭而不留痕迹。该颜料也可用于绘画。

③校 jiào：比较。

④粉：指铅粉。无机化合物，白色粉末，有毒，溶于酸类，不溶于水，也称铅白。古代妇女用来搽

脸，也可用作画画的颜料或用以涂改错字。

⑤铅黄：铅粉和雌黄。古人常用铅粉和雌黄点校书籍，故也称校勘之事为“铅黄”。

译文

馆阁新书重新缮写誊清的定本，遇有书写错误的地方，即以雌黄涂抹错字。我曾对改字的几种方法进行过考察比较：用刀刮削擦拭会损伤纸张，用纸贴住错字又容易脱落；用铅粉涂抹，字迹又不容易隐没，需要涂几遍才能使字迹不显。唯独用雌黄一涂即能涂没错字，且长时间不脱落。古人将其与铅粉合称“铅黄”，大概向来就采用这种方法了。

22.馆阁藏书

题解

本条描述了北宋时国家防止图书散佚的方法。即分散收藏，以“防水火散亡”，再“以黄纸为大册写之”，以防盗窃私藏。

前世藏书，分隶数处[①]，盖防水火散亡也。今三馆、秘阁[②]，凡四处藏书，然同在崇文院[③]。其间官书多为人盗窃，士大夫家往往得之。嘉祐中，乃置编校官八员，杂雠四馆书[④]，给吏百人，悉以黄纸为大册写之。自此私家不敢辄藏。校雠累年[⑤]，仅能终昭文一馆之书而罢。

注释

①分隶：分别隶属。

②秘阁：官中收藏珍贵图书之处。宋太宗时，建造在崇文院中堂。

③崇文院：官署名。三国时魏明帝初置崇文观，唐代设崇文馆。北宋初承五代，仍以小屋数十间为三馆。太宗太平兴国二年（977）另选址重建，次年建成，赐名崇文院，将三馆藏书籍于其中。元丰（1078—1085）中改属秘书省。

④杂雠 chóu 四馆书：指史馆、昭文馆、集贤院、秘阁之书相互校对。雠，校对文字。

⑤校雠累年：《麟台故事》记载，此项工作始于嘉祐四年（1059），共历时八年。

译文

前代国家藏书，分别隶属于几个地方，这是为了防止因水火灾害而散失亡佚。现在三馆、秘阁的藏书共有四处，然而都在崇文院中。其间国家图书多被人盗窃，士大夫之家往往得到。嘉祐年间，朝廷设置编校官八员，以四馆之书互相校对，并配备抄书人员百余名，所校之书全部用黄纸制成大本的册子抄写。从此私人才不敢擅自收藏。这次校勘抄写持续了好几年，仅能完成昭文馆一馆的藏书就停止了。

23.翰林学士家贫

题解

本条介绍了翰林学士的收入情况，并引用一些典故说明翰林学士收入低，生活堪忧。

旧翰林学士，地势清切①，皆不兼他务。文馆职任②，自校理以上③，皆有职钱④，唯内外制不给⑤。杨大年久为学士⑥，家贫请外⑦，表辞千余言⑧。其间两联曰："虚忝甘泉之从臣⑨，终作莫敖之馁鬼⑩。从者之病莫兴⑪，方朔之饥欲死⑫。"

注释

① 地势：地位。清切：清贵而切近。

② 文馆职任：在三馆和秘阁等处供职的人员。

③ 校理：官名，执掌校勘整理官廷藏书。唐代置集贤殿校理，宋代因之。

④ 职钱：官吏在职担任实际职务时所得的钱，指于俸禄之外加给的钱。

⑤ 内外制：官职合称，亦称"两制"。翰林学士皆加知制诰官衔，替皇帝起草诏令，称"内制"；翰林学士之外，以他官加知制诰官衔履行同样职任者，称"外制"。唐时两制尚无严格分别。

⑥ 杨大年：即杨亿（974—1020）。字大年，建州浦城（今属福建浦城县）人。淳化中赐进士，曾为翰林学士兼史馆修撰，官至工部侍郎。性耿介，尚气节。宋初“西昆体”诗派的代表人物。

⑦ 请外：请求外放做地方官。

⑧ 表辞：上表辞职的言辞。今存杨亿《武夷新集》卷十四有《求解职领郡表》与《再乞解职表》，前者六百余字，后者近千字。

⑨ 忝 tiǎn：辱，有愧于，常用作谦辞。甘泉：汉武帝时的甘泉宫，此处喻皇宫、皇帝。从臣：侍从之臣。“甘泉之从臣”谓皇帝的文学侍从。

⑩ 莫敖之馁鬼：据《武夷新集》原文，当作“若敖之馁鬼”。典出《左传·宣公四年》，若敖氏为楚所灭，其先祖无人祭奠，被称为馁鬼（即饿鬼）。这里指生活无依靠。

⑪ 从者之病莫兴：此处借用孔子典故。《论语·卫灵公》载：“（孔子）在陈绝粮，从者病，莫能兴。”随从孔子的弟子都饿病了，不能起身。兴，起身。

⑫ 方朔之饥欲死：此处借用东方朔典故。《汉书·东方朔传》载其初为公车待诏时，上言说自己的俸钱不及宫廷中的侏儒：“侏儒饱欲死，臣朔饥欲死。”

译文

旧时翰林学士地位清贵而接近皇帝，都不兼任其他职务。在三馆和秘阁供职的人员，自校理以上，都有职钱,唯独内外两制官没有添给。杨大年做了许多年学士,家境清贫,请求外放改任地方官,写了近千字的辞表文书。其中有两联写到:“空占着甘泉从臣之位,却最终成为莫敖饿鬼;孔子的随从饿病而不能起身,饥饿的东方朔也垂垂将死。”

卷二 故事二

32.宗子授南班官

题解

沈括在本条以自己的亲身经历考证说明了“宗子授南班官”制度的真实由来。

宗子授南班官①。世传王文正太尉为宰相日始开此议②，不然也。故事：宗子无迁官法③，唯遇稀旷大庆则普迁一官④。景祐中，初定祖宗并配南郊⑤，宗室欲缘大礼乞推恩⑥，使诸王宫教授刁约草表上闻⑦，后约见丞相王沂公⑧，公问前日宗室乞迁官表何人所为，约未测其意，答以不知。归而思之，恐事穷且得罪，乃再诣相府。沂公问之如前，约愈恐，不复敢隐，遂以实对。公曰：“无他，但爱其文词耳。”再三嘉奖，徐曰：“已得旨别有措置，更数日当有指挥⑨。”自此遂有南班之授，近属自初除小将军⑩，凡七迁则为节度使，遂为定制。诸宗子以千缣谢约⑪，约辞不敢受。予与刁亲旧，刁尝出表稿以示予。

注释

① 宗子：皇族子弟。南班：即环卫官（宫廷禁卫官）。宋仁宗于南郊大祀时，赐予皇族子弟的官爵，称为南班。一般为无职事、无定员的虚衔，仅用于武臣赠典或安置闲散武职人员，亦用于授予宗室人员。《宋史·光宗纪》："秋七月癸丑，诏秀王诸孙并授南班。"

② 王文正：即王旦（957—1017）。字子明，大名莘县（今属山东）人。真宗咸平时累官同知枢密院事、参知政事，景德三年拜丞相。善知人，多荐用厚重之士，卒谥文正。太尉：官名。秦至西汉设置，为全国军政首脑，与丞相、御史大夫并称三公。汉武帝时改称大司马，东汉时太尉与司徒、司空并称三公，历代亦多曾沿置，但渐变为加官，无实权。至宋徽宗时，定为武官官阶的最高一级，但本身并不表示任何职务，一般常用作武官的尊称。因王旦曾为同知枢密院事，故以太尉称之。下文叙及宰相王曾，谥文正，沈括为区别相同谥号两人，故于此加"太尉"二字。宋人或以宗室授南班事为王旦所为，是以两文正相混之故。

③ 宗子无迁官法：宋代为了防止宗亲干预朝政，对宗室子弟入仕限制严格，除科举出身外，一般只授无实权的环卫官。沈括说"宗子无迁官法"严格说来并不正确。

④ 稀旷大庆：指很少举行的隆重庆典。

⑤ 初定祖宗并配南郊：宋仁宗景祐二年（1035），合

祭天地于南郊，并将太祖、太宗、真宗三位先帝配祭。

⑥推恩：帝王推广封赠，以示恩典。这里指皇帝利用特殊机会授予官阶爵位等。

⑦王宫教授：教授皇室子弟的学官名，负责为皇室子弟讲学。刁约（？—1082）：字景纯，丹徒（今江苏镇江）人。北宋天圣八年（1030）进士，为诸王宫教授，后为馆阁校勘等。

⑧王沂公：即王曾（978—1038）。字孝先，青州益都（今山东青州）人。累官翰林学士，知审刑院等，封沂国公，故称“王沂公”。

⑨指挥：唐、宋时诏敕和命令的统称。

⑩小将军：环卫官有上将军、大将军、将军之分。沈括所谓的“小将军”，当指“将军”。

⑪千缣 jiān：一千匹双丝的细绢。缣，双丝的细绢。

译文

宗室子弟授予南班官衔，人们传说是在王文正太尉任宰相时开始提议的，其实不是这样。按旧例，宗室子弟没有升迁官阶的法规，只有遇到很少举行的隆重庆典，才普遍升迁一级。景祐年间，首次制定在南郊合祭天地时以太祖、太宗、真宗一起配享的制度。宗室成员想借此隆重大典的机会请求皇帝推恩迁官，于是就请诸王宫教授刁约起草奏章报告皇上。后来刁约拜见宰相王沂公，沂公问他前几日宗室成员请求迁官的奏章为何人起草，刁约猜不透他的意思，回答说不知道。回来后思考这件事，怕此事被查出来因而获罪，于是又到宰相府上拜访。沂公还像上次那样问他，刁约愈加恐慌，不敢再隐瞒，遂如实回答。沂公说：“我没有别的意思，只是欣赏这份奏章的文笔而已。”他再三称赞刁约，稍候又说道：“已经得到皇上的旨意另有安排，过几日应当会有诏令。”自此便有了宗室子弟授予南班官的成例。宗室近亲一开始担任环卫将军，经七次升迁即升至节度使，由此开始形成固定的制度。宗室子弟们送了一千匹双丝细绢酬谢刁约，刁约推辞不敢接受。我和刁约有亲戚故旧关系，他曾将所上表章的草稿给我看过。

36. 内外制润笔物

题解

本条介绍了朝廷内外制官员收受润笔物制度由产生到废除的过程始末。人都需要一定的收入以供生活，当工作所得不能满足生活必需时，就不得不寻求其他途径以增加收入。学士文人收受润笔物虽然看上去不体面且不合规制，但造成这种畸形制度的主要责任并不在于他们，应该由主政者负责。

内外制凡草制除官①，自给谏、待制以上②，皆有润笔物③。太宗时，立润笔钱数，降诏刻石于舍人院[④]，每除官，则移文督之，在院官下至吏人院驺皆分沾[⑤]。元丰中，改立官制，内外制皆有添给[⑥]，罢润笔之物。

注释

① 内外制：官职合称，亦称“两制”。翰林学士皆加知制诰官衔，替皇帝起草诏令，称“内制”；翰林学士之外，以他官加知制诰官衔履行同样职任者，称“外制”。

② 给谏：唐、宋时给事中及谏议大夫的合称，掌驳正朝廷政令之违失。待制：唐时设置。唐太宗即位，命京官五品以上，更宿中书、门下两省，以备访问。永徽中，命弘文馆学士一人，日待制于武德殿西门。宋因唐制，于殿、阁均设待制之官，如“保和殿待制”“龙图阁待制”之类，典守文物，位在学士、直学士之下。

③ 润笔：唐、宋翰苑官草制除官公文，按例收受的钱物，后泛指付给作诗文书画之人的报酬。

④ 舍人院：宋代前期官署名。五代后晋开运中（944—946）已有舍人院之称。宋代前期，舍人院在中书门下制敕院内。元丰新官制，废舍人院，改为中书后省，简称“西阁”。

⑤ 院驺 zōu：指舍人院照料官员马匹的吏人。驺，古代养马的人。

⑥ 添给：指俸禄之外的补贴钱。

译文

内外制官员凡是起草任命官员的制书，被授予给谏、待制等五品以上官职的官员，都要给润笔物。太宗时曾确定润笔钱的数目，下诏刻于碑石上立在舍人院中，每当任命官员时，就行文督促催讨，供职于舍人院的官员、吏人以及马夫都有均沾。元丰年间，改革官制，内外制官员都有俸禄外补贴钱，就废除了润笔钱物。

40.百官会集坐次

题解

本条通过考察颜真卿的书信，说明了唐代百官会集的坐次顺序，使我们对唐、宋的官制和班序能够有大致的了解。

都堂及寺观百官会集坐次[①]，多出临时。唐以前故事皆不可考，唯颜真卿与左仆射定襄郡王郭英义书云[②]："宰相、御史大夫、两省五品以上供奉官自为一行[③]，十二卫大将军次之[④]；三师、三公、令仆、少师保傅、尚书、左右丞、侍郎自为一行[⑤]，九卿、三监对之[⑥]。从古以来，未尝参错。"此亦略见当时故事，今录于此，以备阙文。

注释

① 都堂：唐代尚书省署居中，东有吏、户、礼三部，西有兵、刑、工三部，尚书省的左右仆射总辖各部，称为都省，其总办公处称为都堂。宋代因之。寺观：佛寺和道观。

② 颜真卿（709—785）：字清臣，京兆万年（今陕西西安）人，开元进士，封鲁郡公，官至吏部尚书、太子太师。李希烈叛乱，被害。为唐代著名书法家，世称“颜鲁公”。仆射 yè：秦始置，唐宋时，左右仆射实为宰相之职。郭英乂（？—765）：瓜州晋昌（今甘肃瓜州东南）人，字元武。陇右节度使郭知运子，精熟武艺。广德元年（763），诏拜尚书右仆射，封定襄郡王。郭英乂 763 年为右仆射，沈括此处云“左仆射”，应为误。

③ 宰相：本为掌握政权的大官的泛称，后来用以指历代辅助皇帝、统领群僚、总揽政务的最高行政长官。如秦汉之丞相、相国、三公，唐宋之中书、门下、尚书三省长官及同平章事，明清之大学士等。御史大夫：秦置，汉因之，为御史台长官，地位仅次于丞相，掌管弹劾纠察及图籍秘书。与丞相（大司徒）、太尉（大司马）合称三公。丞相缺位时，往往即由御史大夫递升。后改称大司空或司空。晋以后多不置。唐复置，实权已轻，至宋又多缺而不补。两省：中书省和门下省的合称，为唐代最高国务机构。供奉官：唐初设侍御史内供奉、殿中侍御史内供奉；唐玄宗时有翰林供奉，

专备应制。宋时设东、西头供奉官，为武职阶官，内东、西头供奉官，为宦官阶官。均用表品级，无实际职掌。

④十二卫大将军：唐中央设十六卫，其中的十二卫为府兵的领导机构，分别是左右卫、左右骁卫、左右武卫、左右威卫、左右领军卫和左右金吾卫，又在全国范围设置“折冲府”。“十二卫”遥领天下657个折冲府，分领诸军府到长安上番宿卫的府兵，居中御外，卫戍京师，是府兵和禁军的合一。十二卫长官为大将军。

⑤三师：北魏以后以太师、太傅、太保为三师，官品为正一品。三公：古代中央三种最高官衔的合称。唐宋沿东汉之制，以太尉、司徒、司空为三公，但已非实职。令仆：指尚书令和尚书左、右仆射。皆为尚书省的长官。唐中期以后，如仆射不加“同中书门下三品”之衔，仅能处理尚书省一般事务，不得行宰相之权。少师保傅：少师、少傅、少保合称“三少”，又称“三孤”，均为从二品。一般为大官加衔，以示恩宠而无实职。尚书：尚书省所属六部的长官，分别管理吏、礼、户、兵、刑、工政务，官品为正三品。左右丞：尚书省的副长官，协助长官分管所属六部事务，官品为正四品。侍郎：唐代三省均有侍郎，此处单指尚书省的六部侍郎，是尚书省六部的副长官，官品为正四品。

⑥九卿：古代中央政府的九个高级官职，隋唐九卿为太常、光禄、卫尉、宗正、太仆、大理、鸿胪、

司农、太府，已无行政之权。三监：唐代官署国子监、少府监、将作监的合称。

译文

朝廷官员在都堂以及佛寺道观集会议事时的座次顺序，多出于临时安排。唐以前的成例已无法考知，只有颜真卿给左仆射、定襄郡王郭英乂的信中写到："宰相、御史大夫和中书、门下两省五品以上的供奉官排为一行，其次是十二卫大将军；三师、三公、尚书令和左右仆射、少师、少保、少傅、六部尚书、左右丞、侍郎排成一行，九卿、三监的长官与之相对设位，自古以来，就没有错乱过。"从中也可以看到当时的成例，现记录于此，以备记载之不足。

卷三 辩证一

“辩证”即“辨别考证”之义，本门可作为全书有代表性的门类之一。沈括考证工作的最大特点，是以文献记载与自身的亲历见闻及实地调查相结合，而不仅仅辗转于古今文字记录之间以求佐验，这样就构筑起一个有充分事实依据和深厚学术素养的实证体系。本门所录各条，就包括了各种考证方法，而尤重经历见闻和观察实践，这与传统的文献考证有显著不同。

42.钧石之石

题解

本条对比了古代，特别是汉代与宋代“石”这个重量单位的异同，并对此进行了例证说明，同时也肯定了熙宁初年整军运动的成就。

钧石之石，五权之名①，石重百二十斤。后人以一斛为一石②，自汉已如此，“饮酒一石不乱”是也。挽蹶弓弩③，古人以钧石率之④；今人乃以粳米一斛之重为一石，凡石者以九十二斤半为法，乃汉秤三百四十一斤也。今之武卒蹶弩，有及九石者，计其力，乃古之二十五石，比魏之武卒[5]，人当二人有余；弓有挽三石者，乃古之三十四钧，比颜高之弓[6]，人当五人有余。此皆近岁教养所成[7]。以至击刺驰射，皆尽夷夏之术，器仗铠胄，极今古之工巧。武备之盛，前世未有其比。

注释

①五权：五种重量单位，即铢、两、斤、钧、石dàn。《汉书·律历志上》："权者，铢、两、斤、钧、石也……五权之制，以义立之，以物钧之。"《隋书·律历志上》："二十四铢为两。十六两为斤。三十斤为钧。四钧为石。五权谨矣。"

②斛hú：古代量器名，也用作容量单位。作为容量单位，一般十斗为一斛，南宋末年改五斗为一斛。

③挽蹶jué弓弩：即拉弓和踏弩。用臂开弓叫"挽"，用脚蹬开弩叫"蹶"。

④率：计算。

⑤魏之武卒：指战国时魏国经过特别训练的军士。据文献记载，当时魏国的军士能使用十二石弓力的弩。

⑥颜高：古代勇士名。《左传·定公八年》记载："公侵齐，门于阳州。士皆坐列，曰：'颜高之弓六钧。'皆取而传观之。"

⑦近岁教养：指宋神宗熙宁年间的整军运动。

译文

“钧石”的“石”，是五种重量单位的名称之一，每石重一百二十斤。后人以一斛为一石，自汉代以来就这样了，“饮酒一石不乱”的说法就是一例。拉弓踏弩的力量大小，古人用作为重量单位的钧、石来计算；今人却以一斛粳米的重量为一石。每石规定为九十二斤半，相当于汉秤的三百四十一斤。现在的军士踏弩，有能达到九石的，计算其力量，则相当于古代的二十五石，相比于先秦魏国的军士，则一人抵得上二人还有余；弓有能拉三石的，相当于古代的三十四钧，与鲁国武士颜高的六钧之弓相比，则一人抵得上五人还有余。所有这些都是近年来训练所取得的成效。至于军士们的击剑、刺枪、骑马、射箭等，都掌握了中原和四夷的所有技术，他们所用的兵器和盔甲，也都极尽古今工巧之能事。现时武备的强盛程度，前世没有哪一代可以相比。

44.阳　燧

题解

早在我国的战国初期，墨家著作《墨经》就记载了小孔成像、凹面镜成像的现象和理论，这是世界上关于几何光学最早和最系统的记载，达到了很高的成就。在本条中，沈括对小孔成像和凹面镜成像作了更为形象的记载和说明。

阳燧照物皆倒[①]，中间有碍故也[②]。算家谓之“格术”[③]。如人摇橹，臬为之碍故也[④]。若鸢飞空中[⑤]，其影随鸢而移，或中间为窗隙所束，则影与鸢遂相违，鸢东则影西，鸢西则影东。又如窗隙中楼塔之影，中间为窗所束，亦皆倒垂，与阳燧一也。阳燧面洼，以一指迫而照之则正，渐远则无所见，过此遂倒。其无所见处，正如窗隙、橹臬、腰鼓碍之[⑥]，本末相格，遂成摇橹之势。故举手则影愈下，下手则影愈上，此其可见。阳燧面洼，向日照之，光皆聚向内。离镜一二寸，光聚为一点，大如麻菽[⑦]，著物则火发，此则腰鼓最细处也。岂特物为然，人亦如是，中间不为物碍者鲜矣。小则利害相易，是非相反；大则以己为物，以物为己。不求去碍，而欲见不颠倒，难矣哉！《酉阳杂俎》谓“海翻则塔影倒”[⑧]，此妄说也。影入窗隙则倒，乃其常理。

注释

①阳燧：古代利用日光取火的凹面铜镜，为曲率很大的凹面镜，反射时聚焦日光于焦点，故可以取火。

②碍：指焦点。

③格术：格物之术，研究自然现象的学问。这里指研究凹面镜成像的学问。

④臬 niè：安装在船侧用以支架橹的短木桩。

⑤鸢：鹞鹰。

⑥腰鼓：古时打击乐器。框用瓦或木制，两头大，

中腰细，用手掌拍击。这里实际指的是腰鼓的中间细腰处。

⑦菽 shū：豆的总称。

⑧《酉阳杂俎 zǔ》：唐代段成式（803—863）所著笔记小说集，二十卷，续集十卷。该书的性质，据作者自序，属于志怪小说。内容繁杂，有自然现象、文籍典故、社会民情、地产资源、草木虫鱼、方技医药、佛家故事、中外文化、物产交流等等，可以说五花八门，包罗万象，具有很高的史料价值。

译文

用阳燧照射物体，所形成的影像都是倒的，这是由于中间有“碍”的缘故。算家将研究这一现象的学问称为“格术”。譬如人摇橹行船，就是因为有臬作为橹之“碍”的缘故。就如同鹞鹰在空中飞行，它的影子随着鹞鹰而移动，假如鹤鹰和影子之间存在窗子的小孔，从而将光线约束，那么影子和鹞鹰就会相背离，鹞鹰向东则影子向西，鹞鹰向西则影子向东。又如楼塔通过窗孔所成的影子，中间被窗孔所约束，影子也都是倒立着的，和阳燧成倒像是一个道理。阳燧的镜面是凹的，将一个手指靠近镜面，所看到的影像就是正的；将手指渐渐远离镜面，到一定位置，镜子里就看不到影像了；超过这个位置而更远一些，镜子里又会出现倒立的影像。那个看不到影像的位置，正如窗子的小孔、船橹的臬、腰鼓的细腰构成的“碍”一样，使光线两端的位置相反，就形成了摇橹的那种情况。所以手越是向上举则影子就越向下，手越是向下则影子就越向上，这是可以看得见的情形。（阳燧的镜面是凹的，将镜面正对着日光照，光线都向凹形的里面聚集。在离镜面一两寸的地方，光线聚为一点，像麻籽或豆粒般大小，在这个点上安放可燃物品就会着火，这个点就是腰鼓最细的地方。）岂止外物是这样，人也是这样，中间没有东西为“碍”的情形太少了。这种“碍”，小则导致利害更易，是非颠倒；大则导致以自我为外物，以外物为自我。不设法排除这种“碍”，而希望所知所见不颠倒，那真是太难了！（《酉阳杂俎》说“海翻则塔影倒”，这是荒诞不合理的说法。影子通过窗子的小孔就会颠倒，这是其运行的一般规律。）

49.水以漳、洛名

题解

本条通过对水名“漳”“洛”字义的考察，探讨了河流名称中异地同名现象的形成原因，说明了根据地貌和相关地理形势，以意义相合的字、词来取名，是河流命名规律之一。这也是我们探究地理名词形成的一条重要途径。

水以“漳”名、“洛”名者最多，今略举数处：赵、晋之间有清漳、浊漳[①]，当阳有漳水[②]，灨上有漳水[③]，鄣郡有漳江[4]，漳州有漳浦[5]，亳州有漳水[6]，安州有漳水[7]；洛中有洛水[8]，北地郡有洛水[9]，沙县有洛水[10]。此概举一二耳，其详不能具载。予考其义，乃清浊相蹂者为"漳"[11]。章者，文也，别也。漳谓两物相合有文章且可别也。清漳、浊漳合于上党[12]，当阳即沮、漳合流，灨上即漳、灨合流，漳州予未曾目见，鄣郡即西江合流，亳漳即漳、涡合流[13]，云梦即漳、郧合流[14]。此数处皆清浊合流，色理如螮蝀[15]，数十里方混。如"璋"亦从"章"[16]。璋，王之左右之臣所执。《诗》云:"济济辟王，左右趣之；济济辟王，左右奉璋。"[17]璋，圭之半体也[18]，合之则成圭。王左右之臣，合体一心，趣乎王者也。又诸侯以如聘[19]，取其判合也[20]。有事于山川[21]，以其杀宗庙礼之半也[22]。有牙璋以起军旅[23]，先儒谓"有钽牙之饰于剡侧"[24]，不然也。牙璋，判合之器也，当于合处为牙，如今之"合契"[25]。牙璋，牡契也[26]，以起军旅，则其牝宜在军中，即虎符之法也[27]。"洛"与"落"同义，谓水自上而下有投流处。今濉水、沱水天下亦多[28]，先儒皆自有解。

注释

①赵、晋：指今山西、河北一带。清漳、浊漳：漳河源出山西长治西部和北部山区，有清漳河与浊漳河两源，下游位于河北、河南之间，同时是安阳和邯郸两地分界线。清漳河大部流行于太行山区的石灰岩和石英岩区，泥沙较少，水较清。浊漳

河流经山西黄土地区，水色浑浊。两源在河北西南边境的合漳村汇合后称漳河，向东流至馆陶入卫河。

②当阳：今湖北当阳。湖北漳河发源于湖北南漳县境内三景庄，流经远安、荆门，于当阳市两河口与沮河汇合为沮漳河，再经枝江、荆州区，于沙市注入长江。

③灨：亦作赣，县名，治所在今江西赣州。那里的漳水，亦名章水，与贡水在赣县附近汇合为赣水，赣县之名由此而得。

④鄣郡：秦朝郡名。汉武帝元狩二年（前121），撤销庐江郡，所辖安徽境内的宣城、泾县、陵阳、春谷4个县划归鄣郡，并改鄣郡为丹阳郡，治宛陵。这一地区内有漳淮水，在今芜湖市附近汇入长江。

⑤漳州：州名，治所在今福建漳州。那里的漳水，又称漳江，源出福建平和县博平岭山脉东麓大峰山。

⑥亳州：州名，治所在今安徽亳州。那里的漳水，据后文当是汇于涡水的河流之一。

⑦安州：州名，治所在今湖北安陆。那里的漳水，源出湖北大洪山区，东南流注于汉水。

⑧洛中：指宋代的西京（今河南洛阳）一带。洛水：源于中国陕西省洛南县，东流经河南省入黄河。古作“雒水”。

⑨北地郡：秦昭襄王三十六年（前271）灭义渠后所置，为秦初三十六郡之一，郡治义渠县（在今甘

肃庆阳市西南)。那里的洛水又称北洛河，源出陕西定边县东南部，后纳入沮河、渭河，注入黄河。

⑩ 沙县：县名，治所在今福建沙县。

⑪ 蹂：混合。

⑫ 上党：县名，治所在今山西长治市。

⑬ 涡：涡水，源出河南开封西，东南流至安徽怀远入淮河。

⑭ 云梦：县名，治所在今湖北云梦。郧 yún：即郧水，源出湖北大洪山，流至安陆分为两水，一水东南入汉水，一水西入沔 miǎn 水。与漳水相合者系流入汉水那一支。

⑮ 蝃蝀 dìdōng：虹的别名。

⑯ 璋：古代的一种玉器，形状像半个圭。

⑰《诗》：即《诗经》，我国最早的诗歌总集，儒家的主要经典之一。这里所引的诗句，出自《大雅·棫朴》篇。济济：形容君王的容貌庄严美好。辟 bì 王：君王。趣：通“趋”，趋向，归向。奉：通“捧”。

⑱ 圭：古代帝王或诸侯在举行典礼时拿的一种玉器，上圆（或剑头形）下方。

⑲ 诸侯以如聘：诸侯之间相互聘问，以圭璋为礼物。

⑳ 判合：配合；两半相合。此处指两个璋能合成一个圭。

㉑ 有事于山川：指祭祀山川。

㉒ 杀：消减，此处意为降低。宗庙礼：指祭祀宗庙的典礼。据古代礼书，贵族在祭祖时用圭，祭山川

时用璋，祭山川的典礼不及祭祖典礼隆重，所以在使用的礼器上要加以区别。

㉓ 牙璋：古代的一种兵符。《周礼·春官·典瑞》："牙璋以起军旅，以治兵守。"

㉔ 先儒：先前的学者。鉏 chú 牙：形容物体边缘像锯齿那样不平整。剡 yǎn 侧：指在刀状的刃口边。《周礼·考工记·玉人》"牙璋中璋七寸"。汉代郑玄注："二璋皆有鉏牙之饰于琰侧。"孙诒让正义："鉏牙，谓就其剡处刻之，若锯齿然，不平正。"

㉕ 合契：对合符契。古代兵符、债券、契约等，以竹木或金石制成，刻字后中剖为二，双方各执其一。两半儿对合则生效。

㉖ 牡：雄性的鸟或兽，亦指植物的雄株，与"牝 pìn"相对。牡契这里指的是有凸牙之契（凹牙之契称牝契）。

㉗ 虎符：古代军中印信。铜质，虎形，左、右各半，朝廷存右半，统帅持左半，作调动军队时用。

㉘ 淝水：又作肥水，水同源而异流为肥。淝水源出肥西、寿县之间的将军岭。分为二支：向西北流者，出寿县而入淮河；向东南流者，注入巢湖，历史上有名的淝水之战中的淝水即指此。后改称洛河。沱水："沱"是江水支流的通称，因此称为"沱"的水流更多。

译文

河流以"漳""洛"命名的最多，现在略举几处：

赵、晋之间有清漳河、浊漳河，当阳有漳水，灨水的上流有漳水，鄣郡有漳江，漳州有漳浦，亳州有漳水，安州有漳水；洛中有洛水，北地郡有洛水，沙县有洛水。这里不过略举一二，详情不能一一记载。我考察它们的含义，“漳”是清浊相混合的意思。“章”为花纹、区分之义，“漳”就是两件东西相混合，既有错杂的花纹又能够区分的意思。清漳河与浊漳河汇合于上党，当阳的漳水是沮水与漳水的合流，灨水的上流是漳水和灨水的合流，漳州我没有亲眼见到过，鄣郡的漳水是西江的合流，亳州的漳水是漳水、涡水的合流，安州云梦的漳水是漳水、郧水的合流。这几个地方的漳水都是清浊合流，色彩、纹理如天上的虹一样，绵延几十里才混合如一。如同“璋”也有“章”的字旁。璋是君王身边的大臣们所执的器物，《诗经》写道：“济济辟王，左右趣之；济济辟王，左右奉璋。”璋是圭的一半，两个璋合起来就成为一个圭，这正是君王身边的大臣们联合同心、趋奉君王的意思。又有诸侯以璋来相互聘问，是取其能互相配合的意思。君王祭祀山川用璋，是取其与祭祖所用礼器圭要有等差之义。起兵作战时用到牙璋，先前的学者说牙璋“刃口饰有锯齿状的钼牙”，其实不是这样。牙璋，是一种能互相契合的器物，应当在互相契合之处制作钼牙，就如现在的合契一样。如果用牙璋的凸牙一半调发军队，则凹牙一半应该留在军中，这和虎符的利用方式一样。“洛”与“落”是一个意思，指的是水流自上而下有流注的地方。现在天下名为漉水、沱水的河流也很多，先前的学者都各有其解释。

50.解州盐泽

题解

本条探究了解州盐池咸水的成盐机理。咸水中含有大量硫酸钠和硫酸镁，且浓度很高，结晶后成为“糊板”状，一来不易蒸发和沉淀渣滓，二来粘在硝板上不易铲取，而且结晶成的盐味苦，称为“苦盐”。适当地掺入淡水，起稀释卤水的作用（这一道工序又称“引水种盐”），可以获得粒大、色白、洁净的食盐。沈括的记载，是一份很有价值的技术史资料，他所记述的“大卤之水，不得甘泉和之不能成盐”以及“巫咸水入，则盐不复结”的经验，一直为后世所遵循并有所发展。

解州盐泽①，方百二十里。久雨，四山之水悉注其中，未尝溢；大旱，未尝涸。卤色正赤②，在版泉之下③，俚俗谓之“蚩尤血”④。唯中间有一泉，乃是甘泉⑤，得此水然后可以聚人。其北有尧梢水⑥，亦谓之巫咸河。大卤之水⑦，不得甘泉和之，不能成盐；唯巫咸水入，则盐不复结，故人谓之“无咸河”，为盐泽之患，筑大堤以防之，甚于备寇盗。原其理，盖巫咸乃浊水，入卤中，则淤淀卤脉⑧，盐遂不成，非有他异也。

注释

①解州：古称解梁，今山西运城市盐湖区西南15公里的解州镇。盐泽：又称盐池。解州境内的盐泽是古代著名的池盐产地。

②卤色正赤：据现在分析，解州盐池属硫酸盐型，主要成分是硫酸钠、硫酸镁、氯化钠等，含铁量极微。推测卤水呈红色的原因，可能是有铁盐的胶态杂质悬浮在卤水中。卤，卤水，指含盐的水。

③版：通“板”，即硝板，由芒硝（$Na_2SO_4 \cdot 10H_2O$）、硫苦（$MgSO_4 \cdot 7H_2O$）等结晶矿物组成。硝板薄的有二三尺，厚的可达一丈多，遍布在盐滩上。版泉，似指在硝板上凿一个坑，使卤水汇集，便于提取。

④蚩尤：传说中的古代九黎族首领。以金作兵器，与黄帝战于涿鹿，战败被杀。但古籍所载，说法不一。后来传说他被斩首分尸之处即在解州，因而有“解”的地名，他的血流聚成盐池，因为盐池卤水紫红而咸，故被比喻为蚩尤血。

⑤甘泉：淡水泉。据调查，现解州附近甘泉较多，在盐池中间也有数眼，水位很浅。

⑥尧梢水：即今山西夏县的白沙河，发源于山西夏县巫咸谷，故称巫咸河。

⑦大卤：指水的含盐量很高。

⑧卤脉：指盐池的盐层矿脉。因为浊水中的胶质物带负电荷，与卤水中的阳离子Na^+相遇，就会凝聚沉淀，阻塞矿脉，所以“盐遂不成”。《天工开物》记载：池盐“忌浊水，参入即淤淀盐脉”。

译文

解州的盐池，方圆一百二十里。雨多的时候，四面山里的水都流入池中，池水却从来没有满溢过；大旱的时候，池水也从来没有干涸过。盐池咸水的颜色正红，在硝板之下，民间俗称“蚩尤血”。唯独盐池中间有一处泉水，是淡水泉，有了这处泉水，人们才可以在这里聚集定居。盐池的北面有尧梢河，也称巫咸河。盐池含盐量很高的咸水，如果不与淡水泉的淡水混合，就不能结晶制成盐；唯独巫咸河的水流入盐池，则卤水就不能再结晶出盐来，所以人们称这条河叫“无咸河”，它成为盐池的大害，人们筑起一条大堤防堵它，比防范贼寇强盗还要小心。推究其间的道理，应该是巫咸河的水是浊水，流入卤水之后，就会因为淤淀而造成卤脉阻塞，便不能制成盐了，并无其他特别的原因。

53.芸草辟蠹

题解

本条记载了我国古代利用芸草藏书驱蠹和去蚤虱，为研究当时的图书保管和除虫防病工作提供了参考资料。

古人藏书辟蠹用芸[①]。芸，香草也，今人谓之“七里香”者是也。叶类豌豆，作小丛生，其叶极芬香。秋后叶间微白如粉污，辟蠹殊验。南人采置席下，能去蚤虱[②]。予判昭文馆时[③]，曾得数株于潞公家[④]，移植秘阁后[⑤]，今不复有存者。香草之类，大率多异名，所谓兰荪，荪，即今菖蒲是也[⑥]。蕙，今零陵香是也[⑦]。茝[⑧]，今白芷是也[⑨]。

注释

① 辟：通“避”，躲，设法躲开，此处意为驱除。蠹dù：蛀蚀器物的虫子。芸：香草名。多年生草本植物，其下部为木质，故又称芸香树。叶互生，羽状深裂或全裂。夏季开黄花。花叶香气浓郁，可入药，有驱虫、祛风、通经的作用。

② 蚤虱：跳蚤和虱子，亦泛指小害虫。

③ 昭文馆：唐代武德四年于门下省置修文馆，九年改为弘文馆。神龙元年避孝敬皇帝（李弘）讳改为昭文馆。置学士，掌详正图籍，参议朝廷制度礼仪，教授生徒。武后垂拱后，以宰相兼领馆务，号馆主；设给事中一人判馆事。宋承唐制，以上相为昭文馆大学士，监修国史。学士、直学士不常置，直馆以京朝官充任，掌书籍修写校雠之事。沈括曾于治平三年（1066）任判昭文馆事。

④ 潞公：即文彦博（1006—1097），字宽夫，北宋政治家，介休人，被誉为介休三贤之一。出将入相50

年之久，被史学家称为宋朝第一名相，封潞国公。

⑤ 秘阁：宫中收藏珍贵图书之处。

⑥ 菖蒲：多年生水生草本，有香气。叶狭长，似剑形。肉穗花序圆柱形，着生于茎端，初夏开花，淡黄色。全草为提取芳香油、淀粉和纤维的原料。根茎亦可入药。民间在端午节常用来和艾叶扎束，挂在门前。

⑦ 零陵香：俗名佩兰，又名熏草，多年生草本植物，属报春花科，全草可入药。

⑧ 茝 chǎi：古书上说的一种香草。

⑨ 白芷 zhǐ：多年生草本植物，属伞形科，夏季开伞形白花，果实长椭圆形，根入药，有镇痛作用，古以其叶为香料。

译文

古时人们藏书用芸驱除蠹虫。芸是一种香草，就是现在人们所说的七里香。叶形类似豌豆，呈小丛生长，它的叶子极为芳香。秋后叶间微微发白，如同白粉染过，驱除蠹虫非常有效。南方人采来放在席子下面，能驱除跳蚤和虱子。我任判昭文馆事时，曾从文潞公家得到几株，移植于秘阁之后，现在已没有存下来的。香草类的植物，大抵多有不同的名称，如所说的兰荪，荪就是现在的菖蒲，而蕙就是现在的零陵香，茝则是现在的白芷。

56.炼　钢

题解

本条描述了我国古代的两种炼钢方法。“团钢”或“灌钢”是人们创造的一种“生熟相和”的低温炼钢法，炼好了是真钢。此法在我国古代相当普遍，早在南北朝时期就已被普遍掌握，但如锻炼工夫不够，渗碳没有达到一定程度，就不能说它是钢。沈括在文章中将团钢全部否定，说它是伪钢，其实并不尽然。沈括于磁州看到的“百炼成钢”炼钢法，是将含有熔渣的熟铁（精铁）放入木炭炉中加热，烧炼使铁渗碳，通过锻打使渗入的碳均匀，并将熔渣去净。由于在锻炼过程中去掉所含的熔渣，所以越炼越轻；多次之后，渣已去净，只有少量氧化皮脱落。所谓“斤两不减”，实际上仍有损耗，但数量很少，不易觉察罢了。

世间锻铁所谓“钢铁”者①，用柔铁屈盘之②，乃以生铁陷其间，泥封炼之③，锻令相入，谓之“团钢”，亦谓之“灌钢”④。此乃伪钢耳，暂假生铁以为坚，二三炼则生铁自熟，仍是柔铁。然而天下莫以为非者，盖未识真钢耳。予出使⑤，至磁州锻坊⑥，观炼铁，方识真钢。凡铁之有钢者，如面中有筋，濯尽柔面⑦，则面筋乃见。炼钢亦然，但取精铁⑧，锻之百余火，每锻称之，一锻一轻，至累锻而斤两不减，则纯钢也⑨，虽百炼不耗矣。此乃铁之精纯者，其色清明，磨莹之，则黯黯然青且黑，与常铁迥异。亦有炼之至尽而全无钢者，皆系地之所产。

注释

①钢铁：现代钢铁的分类按含碳量多少，大致划分如下几种：含碳量小于0.02%的叫纯铁，又称熟铁；0.02～2.11%的为钢；含碳量大于2.11%的则为生铁或铸铁。

②柔铁：熟铁，性质柔软不易折断，故称柔铁。

③泥封炼之：用泥将铁料封起来进行烧炼。

④灌钢：古代用柔软的熟铁包裹坚硬的生铁，通过锻炼使生铁中的碳渗入到熟铁中而成钢，称为团钢。由于生铁的熔点比熟铁低，所以在锻炼温度下生铁先熔成铁水而熟铁不熔，前者就灌注在后者的空隙中，经锻打渗碳而成钢，故又称灌钢。按现在标准，团钢、灌钢并非“伪钢”。

⑤予出使：沈括曾于熙宁七年（1074）八月至八年二月任河北西路访察使。

⑥磁州：州名，治所在今河北磁县。

⑦濯zhuó：洗。

⑧精铁：按文意，应为含有熔渣的熟铁。

⑨纯钢：这里是指将熟铁埋在木炭炉中烧红使之渗碳，然后取出捶打，将渣子挤出并将晶粒打细，反复多次这样的过程所锻炼成的钢。

译文

世上锻铁而成的钢铁，是先把熟铁弯曲盘卷起来，把生铁嵌裹在里面，然后用泥包裹好进行烧炼，炼好后再加锻打，使熟铁和生铁互相掺杂渗透，这样锻炼出来的钢就称为“团钢”，也叫“灌钢”。不过，这其实是一种伪钢，只不过暂借生铁提高它的硬度，如再炼两三次，则生铁变熟，得到的还是熟铁。然而天下人都不以为这办法有什么不对，应该是由于不知道什么才是真钢。我出使河北时，曾到磁州的锻钢作坊，观看炼铁，才认识到什么是真钢。凡是铁里面含有钢的，就如同面团里面含有面筋，将面团中的面粉洗净，才会见到面筋。炼钢也是如此，只要取精铁烧炼锻打百余火，每锻一次都称称重量，锻一次轻一点，直到锻多次而斤两不再减少时，就得到纯钢了，即使再锻上百次也不再有损耗。这是最精纯的铁，它色泽清明，磨光之后，又显得暗暗的，青而且黑，和普通的铁迥然不同。也有铁炼尽了而全无一点钢的，这都和铁的产地有关系。

62.阿　胶

题解

本条介绍了济水的特性，在此基础上说明了阿胶的独特疗效。作者认为，阿胶的疗效与济水的特殊性质有关，此说有一定道理。他感叹当时的医方没有记载这一层药理，明代的李时珍在编纂《本草纲目》时，吸收了沈括的这一见解。

古说济水伏流地中[①]。今历下凡发地皆是流水[②]，世传济水经过其下。东阿亦济水所经[③]，取井水煮胶[④]，谓之“阿胶”。用搅浊水则清。人服之，下膈、疏痰、止吐[⑤]，皆取济水性趋下、清而重，故以治淤浊及逆上之疾[⑥]。今医方不载此意。

注释

① 济水：古四渎之一。济水发源于河南省济源市王屋山上的太乙池。源水以地下河向东潜流七十余里，到济渎和龙潭地面涌出，形成珠（济渎）、龙（龙潭）两条河流向东，不出济源市境就交汇成一条河，至温县西北始名济水。后第二次潜流地下，穿越黄河而不浑，在荥阳再次神奇浮出地面。济水流经原阳时，南济三次伏行至山东定陶，与北济汇合形成巨野泽。济水三隐三现，百折入海，神秘莫测。

② 历下：今山东济南，自古以泉水多著称。发：挖，掘。

③ 东阿：今山东东平西北，傍东平湖。

④ 煮胶：用驴皮炼胶、熬胶。北魏贾思勰《齐民要术·煮胶》载：“煮胶要用二月、三月、十月，余月则不成。”

⑤ 下膈 gé：指疏通食气。

⑥淤浊及逆上之疾：指积食、胀气及呕吐之类不能通下的疾病。

译文

过去有说济水消失后是在地下潜流的，现在历下一带，只要向地下挖掘就都是流水，世代相传是因为济水流经其下造成的。东阿也是济水经过的地方，人们取井水熬胶，称为“阿胶”。用其搅拌浊水，水就会变清。人服用阿胶，能够疏通食气、化痰、止呕吐，这些都是利用了济水水性趋下、水清且重的天然特性，所以能用来治疗浊气淤积及向上逆胀的病症。现在的医方不记载这层意思。

卷四 辩证二

73.桂屑除草

题解

本条记载了“桂屑布砖缝中，宿草尽死”的生物除草现象。现代科学已证实，肉桂所含的反式桂皮酸对植物的生长确有抑制作用。沈括认为“桂之杀草木，自是其性”，原则上是正确的。此条记载也说明，至迟在一千年前，我国已使用了生物除草方法。

《杨文公谈苑》记江南后主患清暑阁前草生[①]，徐锴令以桂屑布砖缝中[②]，宿草尽死[③]。谓《吕氏春秋》云“桂枝之下无杂木”[④]，盖桂枝味辛螫故也[⑤]。然桂之杀草木，自是其性，不为辛螫也。《雷公炮炙论》云[⑥]：“以桂为丁，以钉木中，其木即死。”一丁至微，未必能螫大木，自其性相制耳。

注释

①《杨文公谈苑》：为北宋学者杨亿口述、黄鉴笔录、宋庠整理而成的笔记著作。此书明代尚存，大约明清之间散佚，今有《说郛》辑文。此书内容包

罗万象，以时间而论，宋初最多，其次为五代十国，又次为唐代。以地域而论，从京师到边远地区，甚至远及日本、交州、高丽等国。就涉及的领域而论，以人事、诗文居多，旁及科学技术、宗教、艺术、典章制度、手工业、农业、民俗、特产、医学、军事等。为后世研究唐宋社会史提供了丰富的资料。江南后主：指五代南唐后主李煜(937—978)。961—975 年在位，著名词人。开宝八年（975)，宋军破南唐都城，李煜降宋，被俘至汴京，后被毒死。清署阁：南唐宫苑中的殿阁名。

② 徐锴（920—974）：扬州广陵（今江苏扬州）人。精通文字学，仕于南唐，秘书省校书郎起家，后主李煜时，迁集贤殿学士，终内史舍人，平生著述甚多。桂屑：桂枝的碎屑。桂指肉桂，常绿乔木，叶呈椭圆形，开小白花，树皮可药用，即桂皮。叶、枝、树皮可加工制成桂油。

③ 宿草：隔年的草。“宿”一作“经宿”解。

④《吕氏春秋》：战国末年秦国丞相吕不韦集合门客编撰的杂家代表名著。成书于秦始皇统一中国前夕。此著作为十二纪、八览、六论，共十二卷，一百六十篇，二十余万字。注重博采众家学说，以儒、道思想为主，融合墨、法、兵、农、纵横、阴阳等各家思想。

⑤ 辛螫 shì：毒虫刺螫人，此处喻辛辣致害。

⑥《雷公炮炙论》：三卷，南朝刘宋雷敩撰，为我国最早的中药炮制学专著。原载药物 300 种，每药

先述药材性状及与易混品种区别要点，别其真伪优劣，是中药鉴定学之重要文献。

译文

《杨文公谈苑》记载说南唐李后主忧虑清暑阁前杂草滋生，徐锴叫人将桂枝的碎屑洒在砖缝中，多年生的杂草就全死了，并说《吕氏春秋》上提到“桂枝之下无杂木”，大概是由于桂枝的气味辛辣致害的缘故。但桂树能杀死草木，自是其特性使然，并非由于其能辛辣致害。《雷公炮炙论》说：“将桂木切成小丁，钉在其他树上，树木很快就会死去。”一个桂木丁是极微小的，未必能够螫死大树，自是它的特性与其他草木相克罢了。

77.世人画韩退之

题解

本条纠正了前人沿袭下来的一个错误，即因为韩愈与韩熙载的称号相同，从而将韩愈画像误画为韩熙载像。清宫南薰殿旧藏《圣贤画册》中的韩愈画像，与五代顾闳中所画《韩熙载夜宴图》中的韩熙载画像酷似。如无沈括，后人可能无法认识到这一错误。

世人画韩退之①，小面而美髯②，著纱帽，此乃江南韩熙载耳③，尚有当时所画，题志甚明④。熙载谥文靖，江南人谓之“韩文公”，因此遂谬以为退之。退之肥而寡髯。元丰中，以退之从享文宣王庙[⑤]，郡县所画皆是熙载，后世不复可辩，退之遂为熙载矣。

注释

①韩退之：即韩愈（768—824），字退之，祖籍河南省邓州市，又称韩昌黎，晚年任吏部侍郎，谥号“文”，又称韩文公，唐代著名文学家，唐宋八大家之一。

②髯：两腮的胡子，亦泛指胡子。

③韩熙载（902—970）：字叔言，北海（今山东潍坊）人，五代十国南唐官吏，累官至中书侍郎，光政殿学士承旨，谥“文靖”。

④题志：题跋。

⑤从享：配享，附祭。文宣王庙：文宣王是孔子的封爵，文宣王庙即文庙，是供奉和祭祀孔子的庙宇。

译文

世人画韩退之的画像，退之为小脸庞并有漂亮的胡须，戴着纱帽。这画的其实是南唐的韩熙载，现在还有当时所画的韩熙载画像，题跋写得非常明白。熙载谥号“文靖”，江南人称其为“韩文公”，因此被误认为是退之。退之身体肥胖而胡须少。元丰年间，将退之配享文庙，各州县孔庙所画的都是韩熙载，后世不再能区分，于是退之就变为韩熙载了。

81.云梦考

题解

沈括分别从文献记载和亲身实践两个方面，对云泽和梦泽的地域归属进行了论证和说明。证实了古本《尚书》“云土梦作乂”的记载是正确的，指出“江南为梦，江北为云”，使被混淆的“云梦”之说得以明朗，从而否定了孔安国“云梦之泽在江南”的错误注释。

旧《尚书·禹贡》云“云梦土作乂”[①]，太宗皇帝时，得古本《尚书》，作“云土梦作乂”[②]，诏改《禹贡》从古本。予按孔安国注“云梦之泽在江南”[③]，不然也。据《左传》[④]：“吴人入郢……楚子涉睢，济江，入于云中。王寝，盗攻之，以戈击王……王奔郧[⑤]。”楚子自郢西走涉睢，则当出于江南；其后涉江入于云中，遂奔郧，郧则今之安陆州。涉江而后至云，入云而后至郧，则云在江北也。《左传》曰：“郑伯如楚……王以田江南之梦[⑥]。”杜预注云[⑦]：“楚之云梦，跨江南北。”曰“江南之梦”，则云在江北明矣。元丰中，予自随州道安陆入于汉口[⑧]，有景陵主簿郭思者[⑨]，能言汉、沔间地理[⑩]，亦以谓江南为梦，江北为云。予以《左传》验之，思之说信然。江南则今之公安、石首、建宁等县[⑪]，江北则玉沙、监利、景陵等县[12]，乃水之所委[13]，其地最下。江南二浙[14]，水出稍高，云方土而梦已作乂矣。此古本之为允也[15]。

注释

①《尚书·禹贡》：《尚书》又称《书》《书经》，为一部多体裁文献汇编，战国时期总称《书》，汉代改称《尚书》，即“上古之书”。因是儒家五经之一，又称《书经》。《禹贡》是《尚书》中的一篇，大概是中国古代文献中最古老和最有系统性地理观念的著作，大约成书于公元前5世纪前后，即春秋末期和战国初期，基本上是依据孔子时期所了解的地理范围和地理知识编写而成的。云梦：古薮泽名。汉魏之前所指云梦范围并不很大，晋以后的经学家才将云梦泽的范围越说越广，把洞庭湖都包括在内，大致为中国湖北省江汉平原上的古湖泊群的总称。土作乂 yì：意为云梦泽中的部分土地露出来了，可以耕作了。乂，耕作。

②云土梦作乂：云泽中土地露出时，梦泽已可以耕作。此处说明云梦泽中云泽和梦泽中地面露出和耕作的时间并不一致，梦泽较云泽为早。

③孔安国：西汉人，字子国，孔子十一代孙，生卒年月不详。经学家，相传其曾为《尚书》作注。

④《左传》：原名《左氏春秋》，汉代改称《春秋左氏传》，简称《左传》。相传是春秋末年左丘明为解释孔子《春秋》而作。起自鲁隐公元年（前

722)，迄于鲁哀公二十七年（前 468），以《春秋》记事为纲叙事。既为中国古代史学名著，也是文学名著。

⑤该处引文见《左传·定公四年》（前 506），原文“吴”下无“人”字。是年，吴国联合蔡国、唐国攻打楚国，击败楚军，攻入楚国都城郢（今湖北省江陵县附近），楚昭王逃入云梦泽中，后奔郧（今湖北省安陆市），次年吴国退兵，昭王返回郢都。楚子：春秋时期楚王，因楚君始封为子爵，故有此称，此处指楚昭王（前 523—前 489）。睢 jū：睢水，今湖北西部沮水。江：今长江。

⑥此处引文见《左传·昭公三年》（前 539）。郑伯：指郑国的君主郑简公（前 570—前 530）。王：指楚灵王（？—前 529）。田：通“畋”，打猎。

⑦杜预（222—285）：字元凯，京兆杜陵（今陕西西安东南）人，西晋时期著名的政治家、军事家和学者。著有《春秋左氏经传集解》及《春秋释例》等。

⑧随州：今湖北随州。安陆：今湖北安陆。汉口：指汉水入长江之口（今湖北武汉市附近）。沈括在元丰五年被贬至随州，元丰八年冬徙秀州团练使。沈括从随州至秀州，必须要沿长江而下。此处所说从随州取道安陆经汉水进入长江，正是前往秀州。这是元丰八年冬天的事。

⑨景陵：今湖北天门。主簿：汉代中央及郡县官署多置之，其职责为主管文书，办理事务。至魏、晋

时渐为将帅重臣的主要僚属，参与机要，总领府事。此后各中央官署及州县虽仍置主簿，但任职渐轻。唐、宋时皆以主簿为初事之官。

⑩ 汉：汉水。沔 miǎn：沔水，汉江，古人有时将汉水汇入后的长江称为沔水。

⑪ 公安：今湖北公安。石首：今湖北石首。建宁：今湖北石首东南。

⑫ 玉沙：今湖北仙桃。监利：今湖北监利。

⑬ 委：积聚。

⑭ 二浙：疑为“上渐”传抄之误，意为地势稍高。

⑮ 允：信，实，正确。

译文

以往的《尚书·禹贡》记载“云梦土作乂”，本朝太宗皇帝时，得到古本《尚书》，此句为“云土梦作乂”，便下诏将《禹贡》的这句话按古本更改。我考察孔安国所作的注为“云梦之泽在江南”，这种说法是不对的。据《左传》所载：“吴军攻入郢都……楚昭王涉过睢水，又渡过长江，逃入云泽之中。昭王睡觉时，有盗贼来攻击，用戈刺昭王……昭王逃奔至郧地。”昭王从郢都西逃涉过睢水，应该来自于长江以南；然后渡过长江进入云泽中，接着再逃奔至郧地，郧即现在的安陆州。过长江以后到云泽，进入云泽之后再到郧地，那么云泽就必在长江以北。《左传》记载：“郑简公到楚国访问……楚王和他一起在长江以南的梦泽打猎。”杜预作注道：“楚国的云泽和梦泽，跨长江南北。”既称“江南之梦”，那么云泽在长江以北是很显然的了。元丰年间，我从随州取道安陆进入汉口，有个担任景陵主簿的郭思，熟悉汉、沔一带的古今地理，他也认为长江以南的是梦泽，江北的是云泽。我据《左传》的记载来验证，认定郭思的说法是可信的。长江以南即今日的公安、石首、建宁等县，长江以北则即玉沙、监利、景陵等县，江北这一带是众多水流汇集的地方，其地势最低。江南的地势稍高，水退却后，露出水面的地比江北高些，因而云泽中土地刚露出水面，梦泽中的土地已开始耕作了。这一点上，古本的记载是正确的。

卷五　乐律一

《梦溪笔谈》"乐律"一门，共分两卷。乐律，按内容可分为乐和律两部分。乐的内容包括古代一些名乐曲的演变源流、构成模式、调式、乐器的形制及演奏方式，以及古代一些乐人的音乐技术、轶事等。律在古代从严格意义上来说，和数学的算式、算法有很大关系。律学的核心是十二律，十二律是古代的定音方法，即用算式、算法将一个八度音分为十二个半音的一种律制。各律从低到高依次为：黄钟、大吕、太簇、夹钟、姑洗、仲吕、蕤宾、林钟、夷则、南吕、无射、应钟。如何定音，涉及复杂的算学知识。在这方面，明代的朱载堉创造出"十二平均律"法，彻底解决了困扰人们千年的难题，是音乐史和科学史上的重要事件。沈括早年曾著《乐律》《乐论》二书，可以看出，"乐"和"律"所讨论的内容并不尽一致。

85.《汉志》言数

题解

本条借助"胫庙"的故事，纠正和讽刺了史学家班固的一个认识错误，即对本为音乐十二律管积数的

177147，却作出了天文历数方面的错误解释。古代学者在谈论天文历数时，多有一种神秘主义倾向，定要从数字中发掘出“微言大义”来。从学术本身来说，这种做法是很不好的风气，沈括引用“胫庙”的故事，批驳和嘲弄了这种唯心思维与治学方式。

《汉志》言数曰[①]：“太极元气[②]，函三为一[③]。极，中也[④]。元，始也。行于十二辰[⑤]，始动于子，参之于丑得三[⑥]，又参之于寅得九，又参之于卯得二十七。历十二辰，得十七万七千一百四十七[⑦]。此阴阳合德，气钟于子[⑧]，化生万物者也。”殊不知此乃求律吕长短体算立成法耳[⑨]，别有何义？为史者但见其数浩博，莫测所用，乃曰“此阴阳合德，化生万物者也”。尝有人于土中得一朽弊捣帛杵[⑩]，不识，持归以示邻里，大小聚观，莫不怪愕，不知何物。后有一书生过，见之，曰：“此灵物也。吾闻防风氏身长三丈[⑪]。骨节专车。此防风氏胫骨也[⑫]。”乡人皆喜，筑庙祭之，谓之“胫庙”。班固此论[⑬]，亦近乎胫庙也。

注释

①《汉志》：即《汉书·律历志》。数：指天文历数。

②太极：古代哲学家称最原始的混沌之气。谓太极运动而分化出阴阳，由阴阳而产生四时变化，继而出现各种自然现象，是宇宙万物之源。

③函三为一：包含天、地、人，三者混合为一。函，

包含，容纳。

④ 中：里，内，引申为包罗万象。

⑤ 十二辰：中国古代对周天的一种划分法，大抵是沿天赤道从东向西将周天等分为十二个部分，用十二地支名称来表示，即：子、丑、寅、卯、辰、巳、午、未、申、酉、戌、亥。

⑥ 参：古同“叁”，三的大写。此句意为：子为一，三倍子数（三乘一），在丑得三。

⑦ 得十七万七千一百四十七：相当于现代数学中 1×3^{11} 所得之积。古时以“三分损益法”设定十二律，十二律的积数各自都可用三相乘而得，所以设定一个首律，其余十一律逐一用三来乘，得积数为十七万七千一百四十七（177147），这样，黄钟十二律管的积数就确定了。

⑧ 钟：集中，专一。

⑨ 律吕：古代校正乐律的器具。用竹管或金属管制成，共十二管，管径相等，以管的长短来确定音的不同高度。从低音管算起，成奇数的六个管叫作“律”，成偶数的六个管叫作“吕”，合称“律吕”。后来以“律吕”作为音律的统称。

⑩ 杵 chǔ：舂米或捶衣的木棒。

⑪ 防风氏：远古防风国的创始人，又名“汪芒氏”，或曰“汪罔氏”，是天下汪姓的始祖。据《国语·鲁语》，吴国打败越国，在拆毁越都会稽城墙时，掘得一节可装满一车的骨头，就派人到鲁国询问孔子。孔子说：“从前大禹在会稽山召集诸神，

山神防风氏因迟到而被禹处死。他身材高大，是常人的十倍，将近三丈，这大概就是他的遗骨。”

⑫ 胫骨：小腿内侧的长形骨。

⑬ 班固（32—92）：东汉史学家、文学家。扶风安陵（今陕西咸阳东北）人。父班彪也是史学家。他继承父业，续修《汉书》。又善于作赋，所写《两都赋》为汉赋名篇。公元 89 年，随大将军窦宪出击匈奴。后窦宪专权被杀，他受牵连，死在狱中。《汉书》中的“八表”和“天文志”由其妹班昭续成。

译文

《汉书·律历志》谈到天文历数时记载：“初始天地未分之前的混沌大气，包含天、地、人三者而混合为一。极，就是包罗万象。元，就是初始。气于十二辰之间流转，开始从子启动，三倍子数而在丑得三，又三倍而在寅得九，又三倍而在卯得二十七。遍历十二辰，得十七万七千一百四十七。这时阴阳和合，气凝聚于子，从而化生为万物。”殊不知这实际上是求律管长短所规定的计算方法，此外还有什么别的意义呢？写作史书的人只是看到这个数字庞大，而不了解它有何用，于是就说“这是阴阳和合，气凝聚于子而化生万物”。曾有人从地下挖到一个朽烂的捣衣棒，不认识它为何物，拿回来给乡邻们看，男女老幼都来群聚围观，无不感到惊奇，不认识它究竟是什么东西。后来有个书生经过，看到此物后说：“这是珍奇神异之物啊。我听说防风氏身高三丈，一节骨头装满一辆车。这是防风氏的小腿骨。”乡民们都很高兴，建造了庙宇来供奉它，称其为“胫庙”。班固的这个说法，也类似于胫庙的故事。

86.羯　鼓

题解

本条记述了羯鼓的独特音质及其在唐时的盛行情况，说明宋时羯鼓渐衰，最后终至断绝，这一过程令人感伤。

吾闻《羯鼓录》序羯鼓之声云[①]：“透空碎远，极异众乐。”唐羯鼓曲，今唯有邠州一父老能之[②]，有《大合蝉》、《滴滴泉》之曲。予在鄜延时[③]，尚闻其声。泾原承受公事杨元孙因奏事回[④]，有旨令召此人赴阙[⑤]。元孙至邠，而其人已死，羯鼓遗音遂绝。今乐部中所有，但名存而已，“透空碎远”，了无余迹。唐明帝与李龟年论羯鼓云[⑥]：“杖之弊者四柜。”用力如此，其为艺可知也。

注释

①《羯鼓录》：唐朝南卓编撰，是一部音乐史料，一卷。此书保存了关于唐代乐器羯鼓的珍贵资料。羯鼓是一种古代打击乐器。南北朝时经西域传入

中原，盛行于唐代开元、天宝年间。唐玄宗李隆基及宰相宋璟等，都善于击羯鼓，以绝技著称，鼓曲因此风靡一时。

② 邠 bīn 州：州名，唐开元十三年（725）改豳州为邠州，治所在新平（今彬县），辖境相当于今陕西彬县、长武、旬邑、永寿四县地。

③ 鄜 fū 延：路名，即鄜延路。宋康定二年（1041）分陕西路置鄜延路经略安抚使，治所在延州（后升延安府，今陕西延安）。宋代的经略安抚使多由文官担任，并往往兼任该路治所所在地的地方行政长官（知州或知府）。沈括是在元丰三年（1080）担任这一职务。

④ 泾原：路名，即泾原路。宋仁宗康定二年（1041）分陕西路置，治所在今甘肃平凉。承受公事：即走马承受公事，宋官名，简称走马承受，掌向皇帝报告各地情况。诸路各一员，属经略安抚总管司，无事每年一次入奏，沿边有警则随时报告，大观年间又许风闻言事。政和六年（1116）改为廉访使者，靖康元年（1126）又改为走马承受。

⑤ 赴阙：入朝，指陛见皇帝。

⑥ 唐明帝：即唐明皇李隆基（685—762）。李龟年：唐时乐工，善歌，还擅吹筚篥，奏羯鼓，也长于作曲等。

译文

我听说《羯鼓录》叙述羯鼓的声音为："声破长空，

穿透远方，与诸种乐器非常不同。”唐代的羯鼓曲，如今只有邠州的一位老人能演奏，曲子有《大合蝉》《滴滴泉》等。我在鄜延路任职时，还听过他的演奏。泾原路走马承受公事杨元孙因为奏事入京，回来后传达朝廷谕旨，令召此人赴京入朝陛见皇帝。等元孙到达邠州时，此人已去世，流传下来的羯鼓乐曲于是就断绝了。现在官府乐署中所存的羯鼓曲，只不过徒有其名而已，所谓“声破长空，穿透远方”，已全无一点痕迹。唐明皇与李龟年谈论羯鼓时曾说：“敲坏了的鼓杖就有四柜子。”当时练习羯鼓如此用功，其技艺也就可想而知了。

90.凯　歌

题解

沈括在本条记录了自己创作的五首凯歌，这些歌曲起到了激励将士们奋勇争先、守疆卫土的重要作用。

边兵每得胜回，则连队抗声凯歌，乃古之遗音也。凯歌词甚多，皆市井鄙俚之语。予在鄜延时[①]，制数十曲，令士卒歌之，今粗记得数篇。其一：“先取山西十二州[②]，别分子将打衙头[③]。回看秦塞低如马[④]，渐见黄河直北流[⑤]。”其二：“天威卷地过黄河[⑥]，万里羌人尽汉歌[⑦]。莫堰横山倒流水[⑧]，从教西去作恩波。”其三：“马尾胡琴随汉车[9]，曲声犹自怨单于[10]。弯弓莫射云中雁，归雁如今不寄书[11]。”其四：“旗队浑如锦绣堆，银装背嵬打回回[12]。先教净扫安西路[13]，待向河源饮马来。”其五：“灵武西凉不用围[14]，蕃家总待纳王师[15]。城中半是关西种，犹有当时轧吃根勿切儿[16]。”

注释

①鄜fū延：路名，即鄜延路。

②山西十二州：指当时先后收复的失地。山西，在这里指的是横山以西。据《宋史·地理志》：“熙宁始务辟土，而种谔先取绥州，韩绛继取银州，王韶取熙河，章惇取懿洽，谢景温取徽诚，熊本取南平，郭逵取广源，最后李宪取兰州，沈括取葭芦、米脂、浮图、安疆等寨。”

③子将：唐武官名，隶属于大将之下，掌布列行阵、金鼓及部署卒伍的副将、偏将，这里指部将、小将。衙头：宋时指金人统帅所在的营帐。

④秦塞：秦时所建的要塞，这里指陕西、甘肃一带秦时所建的古长城。

⑤黄河直北流：黄河在西夏境内的鸣沙（今宁夏青铜峡以南）折向北流。

⑥过黄河：西夏都城兴庆府（今宁夏银川）在黄河西岸，因此说过黄河攻占西夏都城。

⑦羌人：中国古代西部的少数民族，这里指建立西夏政权的党项人。

⑧ 堰：堵塞。横山：这里指今甘肃东部到陕西中北部的山区，北宋时为宋、夏争夺之地。倒流水：横山水流向西，所以称倒流水。

⑨ 马尾胡琴：西北少数民族用马尾作弦的胡琴，与琵琶同属弦乐器。

⑩ 怨单于："单于"是匈奴首领的称号。汉武帝时，曾下嫁细君公主于乌孙和亲，因公主悲郁，故胡人在马上弹琴为其解忧。唐李颀《古从军行》诗云："公主琵琶幽怨多。"沈括借用这一典故表示，由于战胜了胡人，和亲之事将不再重演，只有过去的曲调中还存有那一段往事的回响。

⑪ 弯弓莫射云中雁，归雁如今不寄书：西汉苏武长期被留在匈奴，汉昭帝以"和亲"提出归还苏武，匈奴却假称苏武已死。后来汉使向匈奴人说："天子射上林苑中得雁，足有系帛书，言武在某泽中。"匈奴才将苏武放回。此处诗句意为：西夏重属宋朝，也不会发生归雁附书的事情了。

⑫ 银装：银白色的铠甲。背嵬：皮制的圆形盾牌。回回：指当时在西北一带割据的回鹘人。

⑬ 安西路：唐设安西都护府，辖西域四镇（龟兹、疏勒、于阗、碎叶），唐后期其地为吐蕃所占，沈括借此表示要恢复旧时疆土的意思。

⑭ 灵武：指西夏占据的灵州（今宁夏青铜峡以东）。西凉：指西夏占据的凉州（今甘肃武威）。这两地是西夏的主要据点。

⑮ 蕃家：西夏羌人的首领李继迁原为宋朝都知蕃落

使，宋人称羌人为“蕃”。

⑯轧吃：小孩学语时语言蹇涩不流利的样子。此句意为：城中的居民多是当年关西的人民，沦陷后，牙牙学语的孩子至今还存在。

译文

守卫边境的士兵每当凯旋的时候，就会连营结队地高唱凯歌，凯歌的曲调是古代流传下来的。凯歌的歌词很多，用的都是市井街巷的俚俗语言。我在鄜延路任职时，曾创作了数十首凯歌，让士兵们歌唱，现在还粗略地记得几首。其一是：“先取山西十二州，别分子将打衙头。回看秦塞低如马，渐见黄河直北流。”其二是：“天威卷地过黄河，万里羌人尽汉歌。莫堰横山倒流水，从教西去作恩波。”其三是：“马尾胡琴随汉车，曲声犹自怨单于。弯弓莫射云中雁，归雁如今不寄书。”其四是：“旗队浑如锦绣堆，银装背嵬打回回。先教净扫安西路，待向河源饮马来。”其五是：“灵武西凉不用围，蕃家总待纳王师。城中半是关西种，犹有当时轧吃儿。”

91.《柘枝》旧曲

题解

本条记载了《柘枝》舞曲的演变情况。

《柘枝》旧曲[①]，遍数极多[②]，如《羯鼓录》所谓“浑脱解”之类[③]，今无复此遍。寇莱公好柘枝舞[④]，会客必舞柘枝，每舞必尽日，时谓之“柘枝颠”。今凤翔有一老尼[⑤]，犹是莱公时柘枝妓，云当时柘枝尚有数十遍，今日所舞柘枝，比当时十不得二三。老尼尚能歌其曲，好事者往往传之。

注释

① 柘枝：唐代健舞名，是一种从少数民族地区传入的舞蹈。《柘枝》曲调明快，有鼓声贯穿始末。唐代柘枝舞为小型舞蹈，流传到宋代，已与中原的大曲、朗诵相结合，演变成有一百多人演出的大型舞蹈。柘枝舞经常在贵族的酒宴中由伎人表演，供宾主欣赏。舞蹈婀娜多姿又矫健明丽。

② 遍数：指乐曲的章节，又称“解数”，“一解”即“一遍”。

③ 浑脱解：即柘枝舞的“浑脱章节”。

④ 寇莱公：即寇准（961—1023），字平仲，华州下邽（今陕西渭南）人，官至宰相，封莱国公。

⑤ 凤翔：今陕西凤翔。

译文

旧时的《柘枝》曲，章节极多，如《羯鼓录》所说的“浑脱解”之类，现在已没有这一章节。寇莱公喜好柘枝舞，宴集会客必定要召舞伎跳柘枝舞，每次都跳一整天，时人称之为“柘枝颠”。现在陕西凤翔还有一位老尼姑，原是寇莱公时舞柘枝的女伎，她说当时的柘枝舞曲尚有几十个章节，现在柘枝舞曲的章节，不及往时的十之二三。老尼姑还能唱一些当时的曲子，喜好者往往传唱这些曲子。

92.古之善歌者有语

题解

本章记录和总结了前人的歌唱经验，强调演唱者必须使吐字、发声和曲调完美地结合起来，做到“声中无字，字中有声”。

古之善歌者有语，谓当使“声中无字，字中有声”。凡曲，止是一声清浊高下如萦缕耳①，字则有喉唇齿舌等音不同②，当使字字举本皆轻圆③，悉融入声中，令转换处无磊块④，此谓“声中无字”，古人谓之“如贯珠”⑤，今谓之“善过度”是也⑥。如宫声字⑦，而曲合用商声⑧，则能转宫为商歌之，此“字中有声”也。善歌者谓之“内里声”，不善歌者，声无抑扬⑨，谓之“念曲”；声无含韫⑩，谓之“叫曲”。

注释

①清浊：音乐的清音与浊音。萦缕：盘绕的细线，这

里比喻声音的曲折连贯。

② 喉唇齿舌：发音部位。

③ 举本：似为“举末”之误，张炎《词源·讴曲旨要》有“举末轻圆无磊块”句，意为自始至终。

④ 磊块：此指疙瘩，比喻声音不连贯串通。

⑤ 如贯珠：像串起的珠串，比喻声音圆润、贯通。

⑥ 过度：即过渡。

⑦ 宫声字：中国传统音乐有五声音阶，又称为“五声”“五音”等，它是按五度的相生顺序，从宫音开始到羽音，依次为：宫、商、角、徵、羽，如按音高顺序排列，即相当于现在简谱中的1、2、3、5、6，宫声相当于现在简谱中的“1”。

⑧ 商声：相当于现在简谱中的“2”。

⑨ 抑扬：指声音的高低。

⑩ 含韫 yùn：含蓄。

译文

古时善于歌唱的人有种说法，就是歌唱应当做到“声中无字，字中有声”。凡是曲调，实际上只不过是清浊高低起伏不同的一种曲折连贯的发声，有如盘绕的丝线那样，而歌词的字，则有喉、唇、齿、舌等发音部位的不同，歌唱时，应当使每个字都发音轻松圆润，完全融入曲调中，声音转换处没有疙瘩，这就叫作“声中无字”，古人称为“如贯珠”，现在叫作“善过渡”。如发宫声的字而曲调应该用商声，那就要能在歌唱时，转换宫声为商声将其唱出来，这就是“字中有声”，善于歌唱的人称之为“内里声”。不善于歌唱的人，声音无高低强弱，那就叫“念曲”，声音浅直而无内涵，那就成了“叫曲”。

99.《霓裳羽衣曲》

题解

本条对我国古代著名乐曲《霓裳羽衣曲》的形成及曲调进行了考证，虽没有得到确切定论，但作者的考证及见解对后人研究和演奏该古曲无疑具有重要的参考价值。

《霓裳羽衣曲》①，刘禹锡诗云②：“三乡陌上望仙山，归作《霓裳羽衣曲》③。”又王建诗云④：“听风听水作《霓裳》⑤。”白乐天诗注云⑥：“开元中，西凉府节度杨敬述造⑦。”郑嵎《津阳门诗》注云⑧：“叶法善尝引上入月宫⑨，闻仙乐。及上归，但记其半，遂于笛中写之。会西凉府都督杨敬述进《婆罗门曲》，与其声调相符，遂以月中所闻为散序⑩，用敬述所进为腔，而名《霓裳羽衣曲》。”诸说各不同。今蒲中逍遥楼楣上有唐人横书⑪，类梵字，相传是《霓裳》谱，字训不通⑫，莫知是非。或谓今燕部有《献仙音曲》⑬，乃其遗声。然《霓裳》本谓之道调法曲⑭，今《献仙音》乃小石调耳⑮，未知孰是。

注释

①《霓裳羽衣曲》：是唐朝大曲中的法曲精品，唐歌舞的集大成之作。该曲由唐玄宗作曲，创作动机与唐代崇奉道教有关。天宝中，他又结合杨敬述所进献的《婆罗门曲》进行了再创作，安史之乱后失传。南唐时期，李煜和大周后将其大部分补齐，但金陵城破时，被李煜下令烧毁。到了南宋年间，姜夔发现商调霓裳曲的乐谱十八段，这些片断保存在其《白石道人歌曲》里。现存《霓裳羽衣曲》为原曲片断，是经姜夔重新填词的《中序第一》。

②刘禹锡（772—842）：字梦得，洛阳（今河南洛阳）人，中唐著名诗人、文学家、哲学家。曾任太子宾客，世称“刘宾客”。与柳宗元并称“刘柳”。晚年在洛阳与白居易唱和较多，时称“刘白”。

③此处引文取自刘禹锡《三乡驿楼伏睹玄宗望女几山诗小臣斐然有感》。三乡陌：一作“三乡驿”。相传唐玄宗于三乡驿楼上望女几山（在今河南宜阳），归而作《霓裳羽衣曲》。

④王建（约765—830）：字仲初，颍川（今河南许昌）人，唐后期诗人，与张籍齐名。他写过大量的乐府诗，同情百姓疾苦。又写过宫词百首，在传统的宫怨之外，还广泛地描绘宫中风物，是研究唐代宫廷生活的重要材料。

⑤此处引文取自王建《霓裳辞》。听风听水：相传龟

兹国王与乐人于大山间倾听风和水声，感兴而制乐。

④ 白乐天：即白居易（772—846）。字乐天，号香山居士，又号醉吟先生，河南新郑（今河南新郑）人。中唐著名现实主义诗人，唐代三大诗人之一。

⑦ 此处引文取自白居易《霓裳羽衣舞歌》。西凉府：即凉州，唐河西节度使驻扎于此。杨敬述：开元间以羽林大将军、西凉都督充河西节度使，曾因与突厥战败被削官爵。

⑧ 郑嵎：字宾先，唐宣宗时进士，著有《津阳门诗》一卷，《新唐书·艺文志》载称津阳为华清宫之外阙。郑嵎《津阳门诗》，七言百韵，为三唐歌行中第一长幅，诗中有作者自注，详陈典实轶事，内容丰富，为研究唐玄宗时期政治和宫廷生活的重要参考资料。

⑨ 叶法善（616—720）：字道元，括州括苍（今浙江丽水松阳）人。唐代道士、官吏，有摄养、占卜之术。历高宗、武则天、中宗朝五十年，时被召入宫，尽礼问道。睿宗时官鸿胪卿，封越国公。上：即唐玄宗李隆基。

⑩ 散序：隋唐燕乐大曲的开始部分。散板，节奏自由，器乐独奏、轮奏或合奏，不歌不舞。唐白居易《霓裳羽衣舞歌》："散序六奏未动衣，阳台宿云慵不飞。"自注："散序六遍无拍，故不舞也。"

⑪ 蒲：蒲州（今山西永济西）。横书：即横行书写的字，与汉字传统上的纵行书写不同。

⑫ 字训：即训字，解释字词的意义。

⑬燕部：唐宋音乐部类之一，即燕乐。宫廷宴饮时供娱乐欣赏、艺术性很强的歌舞音乐，又称宴乐，北宋时有二十八调。

⑭道调：古代燕乐调名，以宫音为主的乐调之一。据杜佑《理道要诀》与《唐会要》卷三十三记载，《霓裳羽衣曲》在当时属黄钟商调，沈括此处说法可能有误。法曲：一种古代乐曲，东晋南北朝称作法乐，因其用于佛教法会而得名。原为含有外来音乐成分的西域各族音乐，后与汉族的清商乐结合，并逐渐成为隋朝的法曲，其乐器有铙钹、钟、磬、幢箫、琵琶。至唐朝又掺杂道曲而发展至极盛阶段，著名的曲子有《赤白桃李花》《霓裳羽衣曲》等。

⑮小石调：古代燕乐调名，以商音为主的乐调之一。

译文

关于《霓裳羽衣曲》，刘禹锡有诗说："三乡陌上望仙山，归作《霓裳羽衣曲》。"王建又有诗说："听风听水作《霓裳》。"白乐天在其诗的自注中说："开元年间，西凉都督、河西节度使杨敬述制作。"郑嵎在其《津阳门诗》的自注中又说："叶法善曾带皇上进入月宫，聆听天上的仙乐。等到皇上归来，只记得这仙乐的一半，于是用笛子吹奏并记录下来。这时正逢西凉府都督杨敬述进献《婆罗门曲》，恰与仙乐的声调相符，于是就以月宫中所听到的仙乐作为散序，用杨敬述之进献为其曲调，命名为《霓裳羽衣曲》。"诸种说法各不相同。如今在蒲州逍遥楼的门楣上还有唐人横行书写的一种文字，类似印度的梵文，相传就是《霓裳羽衣曲》的曲谱，因为看不懂这种文字，不知道这说法是真是假。也有人说现在燕乐的《献仙音曲》就是《霓裳羽衣曲》流传下来的曲调。然而《霓裳羽衣曲》本是道调法曲，现在的《献仙音曲》却为小石调，不知哪种说法是对的。

109.琴　材

题解

古琴，亦称瑶琴、玉琴、七弦琴，为我国最古老的弹拨乐器之一。古琴的制作，在选材上很有讲究。因为古琴的发声，不仅要靠琴弦的振动，还要靠琴材的共鸣。好的琴材制成的古琴，琴音清越雅致、劲拔有力。沈括在本条记述了古琴选材的重要性，说明应该用“轻、松、脆、滑”的“四善”木材制作古琴，这对制作出音色精美的古琴具有一定的参考价值。

琴虽用桐[①]，然须多年木性都尽[②]，声始发越[③]。予曾见唐初路氏琴[④]，木皆枯朽，殆不胜指[⑤]，而其声愈清。又尝见越人陶道真畜一张越琴[⑥]，传云古冢中败棺杉木也，声极劲挺[⑦]。吴僧智和有一琴[⑧]，瑟瑟徽碧[⑨]，纹石为轸[⑩]，制度、音韵皆臻妙[⑪]。腹有李阳冰篆数十字[⑫]，其略云：“南溟岛上得一木[⑬]，名伽陀罗[14]，纹如银屑，其坚如石，命工斫为此琴[15]。”篆文甚古劲。琴材欲轻、松、脆、滑，谓之“四善”。木坚如石，可以制琴，亦所未喻也[16]。《投荒录》云[17]：“琼管多乌樠[18]、呿陀[19]，皆奇木。”疑伽陀罗即呿陀也。

注释

①琴：古代弦乐器。最初是五根弦，后加至七根弦（亦称“七弦琴”，通称“古琴”）。

②木性都尽：指木材所含的水分、营养物质等都没有了。

③发越：激扬。

④路氏琴：唐代著名制琴师路氏所制作的琴。

⑤殆：几乎，差不多。

⑥越：古代地名，今浙江一带部分地区。陶道真：即陶瞻，字道真，东晋人，陶侃之子。历广陵相、庐江太守、建昌太守，累迁散骑常侍，封都亭侯，后为乱兵所杀。畜：通“蓄”，收藏。张越：唐代江南著名斫琴师，与雷氏家族齐名，作品为后人奉为圭臬，宋人更是以雷琴与张琴为模板制造官琴。

⑦劲挺：劲拔有力。

⑧吴僧智和：吴地一位名叫智和的僧人。据《渑水燕谈录》，智和是当时秀州（今浙江嘉兴一带）祥符院的和尚。

⑨瑟瑟：碧色宝石。徽：一作“微”。该句意为古琴微微呈现绿宝石色。

⑩ 纹石：带花纹的石头。轸：弦乐器上系弦线的小柱，可转动以调节弦的松紧。

⑪ 臻：达到。

⑫ 李阳冰：字少温，谯郡（治所在今安徽亳州）人，祖籍赵郡（治所在今河北赵县）。初为缙云令、当涂令，后官至国子监丞、集贤院学士，世称少监。唐代文学家、书法家，善辞章，工书法，尤精小篆。李白族叔，曾为李白作《草堂集序》。

⑬ 南溟岛：具体位置未详，应指南海中的某个岛屿。南溟，南海。

⑭ 伽陀罗：树木名。

⑮ 斫 zhuó：砍削，这里指制作。

⑯ 喻：明白，了解。

⑰《投荒录》：未详待考。有人认为是指唐代房千里所作《投荒杂录》，但现存的《投荒杂录》中没有沈括所引的这段文字。

⑱ 琼管：行政区划名，即琼州。宋代称“琼管”，设琼管安抚都监，治所在今海南海口。

⑲ 呿 qū 陀：树木名。

译文

琴虽然用桐木制作，但桐木必须保存多年，待其木性全部脱尽，用其制作的琴的声音才能激扬清越。我曾见过唐朝初年的路氏琴，木质都枯朽了，看上去几乎都承受不了手指的弹拨，然而其声音更加清亮。我还曾见到越人陶道真收藏的一架张越琴，传说是用古墓中出土的破烂棺材杉木板制成的，琴声极为劲拔有力。吴地僧人智和有一张琴，微呈绿宝石色，用花纹石作弦柱，制作样式和音声韵律都达到神妙的程度。其腹部有李阳冰篆书的数十字，大略是说：“从南海的一座岛上得到一种木材，名叫伽陀罗，木材纹理如同银屑，坚硬得像石头，遂命工匠斫削加工为这张琴。”篆书古朴有力。制琴的材质，通常是希望它质量轻、质地松、材性脆、纹理光滑，这称为“四善”。李阳冰所说的木质坚硬如石也可以制琴，让人有点不明白。《投荒录》说：“琼州之地多有乌構木、呿陀木，都是珍奇的树木。”我怀疑伽陀罗木即是呿陀木。

卷六　乐律二

115.声同相应

题解

本条揭示了声音的共振现象。共振在声学中亦称“共鸣”，指的是物体因共振而发声的现象。比如两个频率相同的音叉靠近，其中一个振动发声时，另一个也会发声。沈括在本条中将琴弦的共振现象看作是事物的一般规律使然，并对此作了科学解释，认为“但有声同者即应”，这是我国古代一个重要的科学发现。

古法，钟磬每虡十六[①]，乃十六律也[②]。然一虡又自应一律，有黄钟之虡，有大吕之虡，其他乐皆然。且以琴言之，虽皆清实[③]，其间有声重者，有声轻者。材中自有五音[④]，故古人名琴，或谓之“清徵”[⑤]，或谓之“清角”[⑥]。不独五音也，又应诸调[⑦]。予友人家有一琵琶，置之虚室，以管色奏双调[⑧]，琵琶弦辄有声应之，奏他调则不应，宝之以为异物，殊不知此乃常理。二十八调但有声同者即应[⑨]；若遍二十八调而不应，则是逸调声也[⑩]。古法，一律有七音，十二律共八十四调。更细分之，尚不止八十四，逸调至多。偶在二十八调中，人见其应，则以为怪，此常理耳。此声学至要妙处也[11]。今人不知此理，故不能极天地至和之声[12]。世之乐工，弦上音调尚不能知，何暇及此？

注释

① 钟：古代金属制成的响器，中空，敲时发声。将一系列铜制的钟挂在木架上组成，用小木槌击奏。各时代形制大小不一，枚数也不同。磬：古代打击乐器，形状像曲尺，用玉、石制成，可悬挂。虡 jù：古代悬挂钟、磬的直木架。

② 十六律：古人将一个八度音分为十二个半音，称“十二律”，各律从低到高的音阶顺序是：黄钟、大吕、太蔟、夹钟、姑洗、仲吕、蕤宾、林钟、夷则、南吕、无射、应钟，比这十二律高八度的音各加一个“清”字。十二律再加上清黄钟、清大吕、清太蔟、清夹钟，称“十六律”。

③ 清实：指琴的音声清越而不虚。

④ 五音：中国古代五声音阶的宫、商、角、徵、羽五个音。

⑤ 清徵：比“徵”音高半音。

⑥ 清角：比“角”音高半音。

⑦ 调：乐曲定音的基调或音阶。

⑧ 管色：一种用于定音和记谱的管乐器，一般认为是从西域传入的筚篥 bìlì，又称笳管等，后世习称为头管。双调：商调乐律名，燕乐二十八

调之一。

⑨ 二十八调：古代乐律以宫、商、角、徵、羽五音加上变宫、变徵为七音，七音配十二律，理论上可得八十四调，但古乐中并不全用，宋代的燕乐以宫、商、角、羽四声，每声配黄钟、大吕、夹钟、仲吕、林钟、夷则、无射七调，即所谓燕乐二十八调。

⑩ 逸调：逸出常用调式之外的调式，一般指二十八调或八十四调以外的音。

⑪ 要妙：精微奥妙。

⑫ 天地至和之声：出于天地自然之间最和谐的声音。

译文

古代的用乐方法，钟和磬常常各自悬挂十六件，这其实是十六律。这样每一架就对应于一律，有黄钟律的架，有大吕律的架等，其他乐器也都是如此。就拿琴来说，虽然发音都清越不虚，但其间也有音声轻的，有音声重的。琴材中本来就包含着五音，所以古人为琴命名，有叫“清徵”的，也有叫“清角”的。其实琴不单与五音相应，还与各种调式相应。我的一位朋友家里有一把琵琶，将它置于空房间中，用笙簧吹奏双调曲，琵琶弦总是发出音声相应和，吹奏其他调式则不应，朋友于是就将它当作奇异之物而倍加爱护。殊不知这只是事物的一般规律。燕乐的二十八个调式中，乐器只要遇到与其相同的音声就会相应；如果奏遍二十八调而都不相应，那么它就是调式之外的音声。古乐之法，一律有七个音，十二律共有八十四个调式，如果再细分的话，调式还不止八十四个，逸出的调式极多。人们偶尔在二十八调中见到乐器应和的情况，就以为是怪事，其实这不过是一般的规律。这是音乐学问中最为精微奥妙的地方。今天的人们不了解这一机理，所以不能达到最为和谐的天籁之音。世上的乐工，连弦上的音调都还不能知晓，哪里有时间研究这些呢?

卷七　象数一

“象数”一词最早见于《左传·僖公十五年》：“龟，象也；筮，数也。物生而后有象，象而后有滋，滋而后有数。”古人用龟甲占卜，以龟甲裂纹所显示的事物形象告人吉凶；用蓍草占卜，以蓍草数目的组合变化告人吉凶。二者合称“象数”。象数是《易经》的基础，所有变化皆由此出，后发展为象数之学。汉代孟喜、京房、郑玄等人以象数解易，创立卦气、纳甲、爻辰、互体等学说，“象数学”由此产生。北宋邵雍又创“先天学”。《周易》“象”“数”含义不断扩展，逐步演变成包含天文、历法、医理、养生在内的、庞杂的象数学体系。

《梦溪笔谈》“象数”两卷主要谈论天文历法，同时也有涉及《易经》的阴阳学、医家的“五运六气之术”、古人以十二律管候气的方法等。此外还有一些条目与占卜有关，主要是介绍、辩论，并对传统术数的迷信成分进行批评。

116.《奉元历》改移闰朔

题解

在古代，历法的确定事关祭祀、农事等，与人们的日常生活联系紧密。因此，制定合乎天象、符合实际需要的历法显得极为重要。年、月、日是历法的三大要素，在理论上应当近似等于天然的时间单位——回归年、朔望月、真太阳日。朔望月和回归年都不是日的整倍数，一个回归年也不是朔望月的整倍数，而且太阳、月亮和地球的运动并非匀速不变，这就决定了天文历法为了适应天象的变化，而必须做到不断推陈出新和精益求精。本条记载了北宋《奉元历》替用《崇天历》的大致情况。新法施行虽遇阻力，但由于更符合当时天象实际，从而得以推行。

开元《大衍历法》最为精密①，历代用其朔法②。至熙宁中考之③，历已后天五十余刻④，而前世历官，皆不能知。《奉元历》乃移其闰朔⑤：熙宁十年，天正元用午时⑥，新历改用子时⑦；闰十二月改为闰正月。四夷朝贡者用旧历，比未款塞⑧。众论谓气至无显验可据⑨，因此以摇新历。事下有司考定。凡立冬晷景⑩，与立春之景相若者也，今二景短长不同，则知天正之气偏也。凡移五十余刻，立冬、立春之景方停⑪。以此为验，论者乃屈。元会使人亦至⑫，历法遂定。

注释

①《大衍历法》：亦称《开元大衍历》，唐开元十七年（729）起施行的历法，僧一行撰，因立法依据

《易》象大衍之数而得名。

②朔法：月亮运行到太阳和地球正中间叫作“朔”，即每月的农历初一。此时地面观测者看不到月面任何明亮的部分，因此将推算各月平均长度并用以确定每月初一的方法称为朔法。

③熙宁：宋神宗赵顼的一个年号（1068—1077）。

④历：指宋代的《崇天历》，行用于1024—1064年及1068—1074年。刻：古代用漏壶计时，一昼夜共一百刻，今用钟表计时，一刻约为十五分钟。

⑤《奉元历》：由提举司天监沈括主持、淮南人卫朴制定的历法，熙宁八年（1075）闰四月颁行，共行用十八年。闰：闰月，中国的农历，每两年或三年需要加一个月，所加的这个月称“闰月”，平均十九年有七个闰月。

⑥天正元：古人以农历十一月即冬至所在之月为岁首，以为得天之正，故称“天正”，后指冬至日。“元”是计算一年天文数据的起始时刻，古代天文学家在历法计算中都以冬至日的临界时刻作为一年的开始时刻，所以“天正元”就是指十一月冬至的临界时刻。午时：我国古代将一昼夜分为十二个时辰，依次用十二地支来表示。午时即十一时到十三时。

⑦子时：即二十三时到次日凌晨一时，取中值即为午夜零点。

⑧比：到期。款塞：叩塞门，谓外族前来通好。

⑨气：指二十四节气。

⑩晷景：同“晷影”，晷表之投影，日影。古代用晷表（日晷）测日影，以日影的角度和长度定时刻。

⑪停：妥当。

⑫元会：皇帝于元旦朝会群臣称正会，也称元会，始于汉，魏晋以降因之。

译文

唐开元间所制定的《大衍历法》最为精密，历代都沿用其确定朔日的方法。到熙宁年间考校，现行的《崇天历》已落后实际天象五十余刻，而前世历官都没有察觉这一误差。《奉元历》于是改动闰月和朔日的设置：熙宁十年，冬至的临界时分原用午时，新历改用子时；闰十二月改为闰正月。四方各族及外域来朝贡的人们仍然沿用旧历，到期没有前来通好。朝臣们议论说节气的到来并无显著的天象可以依据，以此来反对新历。于是将这件事交给有关部门核查确定。大凡到立冬和立春两个节气时，晷影长短应相仿佛，如今按旧历所推定的立冬和立春两个节气，晷影长短却不相同，可知旧历确定冬至节气的时刻有偏差；大致移动了五十余刻，立冬、立春的晷影长度方才妥当。以此为依据，持异议的人才无话可说。到元旦朝会时，各国使臣也按新历法确定的日期到来，于是新历法就确定下来了。

125.斗建有岁差

题解

本条研究了“斗建有岁差”问题。我国早在东汉时，贾逵（30—101）就发现了古历上所说的冬至的位置与当时相差五度的现象，晋代的虞喜更在观测的基础上于330年前后提出了“岁差”的名称和理论，并定出冬至点每50年后退1°，这是我国古代一个伟大的天文学发现。沈括根据自己的观察，分析出“斗建有岁差”的看法与天文实际观测完全相符合，具有重要的史料价值。

正月寅，二月卯，谓之“建”①，其说谓斗杓所建②。不必用此说。但春为寅、卯、辰③，夏为巳、午、未，理自当然，不须因斗建也。缘斗建有岁差④，盖古人未有岁差之法。《颛帝历》⑤：“冬至日宿牛初⑥。”今宿斗六度⑦。古者正月斗杓建寅，今则正月建丑矣。又岁与岁合⑧，今亦差一辰⑨。《尧典》曰⑩：“日短星昴⑪。”今乃日短星东壁⑫，此皆随岁差移也。

注释

①建：北斗的斗柄初昏（黄昏开始时）所指的方位。斗柄农历每月所指的方位不同，因此“建”亦转指月份（亦称“月建”“月尽”）。

②斗杓 biāo：斗柄。中国古代用十二辰对周天进行划分，正北为“子”，十一月斗杓初昏指北，称为

“建子”，从十一月开始以斗柄依次指向十二辰方位，如十一月“建子”，十二月“建丑”，正月“建寅”等等。

③春为寅、卯、辰：春季三个月为一、二、三月，斗柄所指方位为十二辰的寅、卯、辰位，故说“春为寅、卯、辰”。同理，夏为巳、午、未。

④岁差：由于太阳和月亮的引力对于地球赤道的微小影响，使地轴在黄道轴的周围做圆锥形运动，慢慢向西移动，约26000年环绕一周，同时使春分点以每年50.2角秒的速度向西移行，这种现象叫作岁差。我国最早定出较为精确岁差值的是晋代的虞喜，得出“五十年退一度”的结论，使我国的历法较早地区分了恒星年和太阳年。最早计算岁差的历法是祖冲之的《大明历》。

⑤《颛帝历》：即《颛顼历》，我国古六历之一，秦统一后颁行于全国，是一种四分历，一个回归年为 $365\frac{1}{4}$ 日，一个朔望月为 $29\frac{499}{940}$ 日，以十月为岁首，闰月放在九月之后，称“后九月”，一直沿用到汉武帝时。

⑥冬至日宿牛初：《颛帝历》记载那时的冬至，太阳停在牛宿零度。“牛”原作“斗”，显误，有学者据岁差推算改为“牛”。我国古代天文学家把周天黄道（太阳和月亮所经天区）的恒星分成二十八个星座，这样黄道和天赤道附近的天区就被划分为二十八个区域。《淮南子·天文训》：“五星、八风，二十八宿。”高诱注：“二十八宿，东方：角、

亢、氐、房、心、尾、箕；北方：斗、牛、女、虚、危、室、壁；西方：奎、娄、胃、昴、毕、觜、参；南方：井、鬼、柳、星、张、翼、轸也。”牛初：牛宿的 0° 至 1° 之间。

⑦今宿斗六度：现在（指宋代）冬至那天太阳却停止在斗宿六度。宋代上距《颛帝历》已 1400 多年，岁差为 26000 年。按约 72 年差 1° 的岁差计算，《颛帝历》时代到宋代大约差 20° 左右。

⑧岁与岁合：把古时和现在每年正月斗柄所指的方位作比较。岁：从这一年的冬至到下一年的冬至，共 365 日多，又叫“回归年”。

⑨一辰：中国古代用十二辰对周天进行划分，一辰约为 30° 。

⑩《尧典》：《尚书》篇目之一，记载了唐尧的功德、言行，是研究上古帝王唐尧的重要资料。

⑪日短星昴：冬至日那天黄昏时昴宿在天顶。日短，白天最短的一天，指冬至日。昴，昴宿，西宫白虎七宿的第四宿。

⑫星东壁：东壁，即壁宿。壁宿在天顶。因在天门之东，故称东壁，北宫玄武七宿之一，属于仙女座和飞马座的一部分。

译文

正月指寅，二月指卯，叫作“斗建”，通常认为这是斗柄所指的方向。其实不必采用这种说法。春为寅、卯、辰，夏为巳、午、未，这是事物的一般规律使然，不需要依据斗建。因为斗建有岁差，大概古人并不知晓岁差的机理。《颛帝历》记载："冬至日太阳在牛宿的初始位置。"现在的冬至日，太阳在斗宿六度位置。古时正月斗柄指在寅辰位，现在正月斗柄则指在丑辰位了。加之将古时和现在每年正月斗柄所指的方位相比较，现在的位置距往也相差了一个辰位。《尧典》说："冬至日那天黄昏时，昴宿在天顶。"现在却是壁宿在天顶，都是因为岁差而导致了这些变化。

127. 极星观测

题解

天文学上，北极星并不处于北天极正中。由于周日视差的影响，每日北极星都围绕北天极做视圆周运动。沈括于本条中记录了自己的亲身实践，精密地观察并测定了北极星距离北天极的度数及其运行轨迹，这对于观测天象和制定历法具有重要意义。

天文家有浑仪[①]，测天之器，设于崇台[②]，以候垂象者[③]，则古玑衡是也[④]。浑象[⑤]，象天之器[⑥]，以水激之，或以水银转之，置于密室，与天行相符，张衡、陆绩所为[⑦]，及开元中置于武成殿者[⑧]，皆此器也。皇祐中[⑨]，礼部试《玑衡正天文之器赋》[⑩]，举人皆杂用浑象事，试官亦自不晓，第为高等[⑪]。汉以前皆以北辰居天中[12]，故谓之“极星”。自祖亘以玑衡考验天极不动处[13]，乃在极星之末犹一度有余。熙宁中，予受诏典领历官[14]，杂考星历[15]，以玑衡求极星。初夜在窥管中，少时复出[16]，以此知窥管小，不能容极星游转，乃稍稍展窥管候之。凡历三月，极星方游于窥管之内，常见不隐，然后知天极不动处，远极星犹三度有余[17]。每极星入窥管，别画为一图。图为一圆规[18]，乃画极星于规中。具初夜、中夜、后夜所见各图之，凡为二百余图，极星方常循圆规之内[19]，夜夜不差。予于《熙宁历奏议》中叙之甚详[20]。

注释

①浑仪：也叫浑天仪。浑仪是我国古代天文学家用来测量天体坐标和两天体间角距离的主要仪器。在古代，“浑”字含有圆球的意思，古人认为天是圆的，形状像蛋壳，出现在天上的星星是镶嵌在蛋壳上的弹丸，地球则是蛋黄，人们在这个蛋黄上测量日月星辰的位置。因此，把这种观测天体位置的仪器叫作“浑仪”。浑仪在支架上固定着两个互相垂直的圈，分别代表地平和子午圈，在其内还有若干个能绕一条和地轴平行的轴转动的圈，它们分别代表赤道、黄道、时圈、黄经圈等，在可转动的圈上附有可绕中心旋转的窥管，用以观测天体。

②崇台：高台，此指观测天象的高台。

③候：观测。垂象：指天象。古人将某些自然现象尤

其是星象附会人事，认为是预示人间祸福吉凶的迹象，星象来自于天而下投，故又称“天垂象”。

④ 玑衡：“璇玑玉衡”的简称，浑天仪的前身，后人有时仍用以指浑天仪。李约瑟的《中国科学技术史》根据先秦时代“以管窥天”的成语推测，当时的玑衡仅是一个简单的望筒，直到两汉时代，它的规格才渐渐完备起来。另外，古代常将浑象和浑仪两者总称为浑天仪，直到隋唐以后才比较明显地将它们加以区别。

⑤ 浑象：中国古代用于演示天象的仪器。与浑仪合称为浑天仪，相当于现在的天球仪，用以演示天体运动。在一个可绕轴转动的圆球上刻画有星宿、赤道、黄道、恒隐圈、恒显圈等，与现代天球仪相似。浑象最初是在公元前2世纪中叶的西汉时，由天文学家耿寿昌创制的，到东汉张衡的水运浑象又对后世浑象的制造影响很大，宋代的水运仪象台则达到历史上浑象发展的最高峰。

⑥ 象天：模拟天象。象，模拟。

⑦ 张衡：字平子，南阳西鄂（今河南南阳市石桥镇）人。东汉时期天文学家、数学家、发明家、地理学家、制图学家、文学家、学者，官至尚书。在天文学、机械技术、地震学方面贡献巨大。陆绩：字公纪，吴郡吴县（今江苏苏州）人。通晓天文、历算，星历算数无不涉览，曾作《浑天图》，制造过浑象。注《易经》，撰写《太玄经注》。

⑧ 唐玄宗时，张遂（僧一行）与梁令瓒除了制造黄

道仪外，还一同制造了一台“浑天铜仪圆天之象”，即浑象，曾放在武成殿前给百官参观。

⑨ 皇祐：宋仁宗赵祯的年号（1049—1054）。

⑩ 礼部试：唐代的进士考试本由吏部员外郎主持，到开元二十四年（736），改由尚书省的礼部侍郎主持，通称省试。此后历代沿袭，科举遂为礼部专职，因此称在京城举行的会试为礼部试，亦称礼闱。

⑪ 第：科举考试及格的等次。这里作动词用，意为判定名次。

⑫ 北辰：指北极星，古人习称“极星”。其实由于岁差影响，不同时代的极星并不是同一颗，沈括说汉以前以北极星为极星，经考证并不正确。天中：天的中央，指北天极。

⑬ 祖亘：即祖暅 gèng，又名祖暅之，字景烁。我国南北朝时期南朝的数学家，祖冲之之子。曾参与修订历法，并造浑象。天极不动处：古时以为天北极是不动的，但实际上因为岁差的缘故，天北极是逐渐呈周期性变化的。因此，古代的极星与现在的极星指的并不是同一颗恒星。

⑭ 典领历官：沈括于宋神宗熙宁五年（1072）任提举司天监之职，“典领历官”即指此事。

⑮ 杂考星历：多方查考天文历书。星历，记录各天体（主要是日月五星）逐日位置的天文历书。

⑯ 复出：指所观测的北极星移动并离开了窥管的视野。

⑰ 三度有余：古人在观天时所用的“度”的概念，与

现代的角度不完全一致。台湾学者黄一农在论文中认为："我国古代天文文献中所用的度数，欠缺与西方几何学角度相似的严整观念，在某些时候其值近于圆心角，但有时则又近于圆周角，故若完全以现代的角度观念去理解中国的古度，将可能导致严重的误解。"据黄一农计算，沈括时代的极星，其去极度为1.58°，折合沈括观测所用的圆心角约3.21°，与沈括所说"三度有余"相合。

⑱圆规：正圆圆圈。

⑲循：遵守，依照，沿袭。

⑳《熙宁历奏议》：沈括于熙宁八年（1075）上呈《奉元历》时所写的奏议。

译文

天文学家有浑天仪，是观测天象的仪器，设置于高台上以观察天象，就是古代的玑衡。又有浑象，是模拟天象运行的仪器，以水力运行，或以水银使之运转，放置于密室之中，以与天象的运行相符合，张衡、陆绩所造的仪器及唐开元中置于武成殿的天文仪器都是这种器物。本朝皇祐年间，礼部会试以《玑衡正天文之器赋》为题，举人们都混淆采用了浑象的事情，主持考试的官员自己也不懂，于是这些举人都被列为及第高等。汉代以前，人们都以为北极星居于天的正中央，所以称之为"极星"。自从祖暅用玑衡考察验证天极真正不动的位置，才发现天极不动处距离极星还有一度多。熙宁年间，我奉诏提举司天监，掌领历法官职事，期间多方查考天文历书，利用浑天仪测求极星的位置。夜初时分，极星在窥管中，不多时候就游出于窥管之外了。以此知道窥管太小，不能容纳极星游动转行的范围，于是渐渐扩展窥管来观测它。如此历时共三个月，才使得极星完全在窥管中游动，始终看得见而不会再消失。然后知道天极点不动的位置，距离极星还有三度多。每当极星进入窥管，就另外画一张图。图为一正圆圆圈，将极星的位置在圆圈中标出来。凡是初夜、中夜、后夜所观测的位置都图示出来，这样共制出二百多张图，极星才一直在设定的圆圈内按图示的位置运动，夜夜都没有差误。我在《熙宁历奏议》中，对此有详细的叙述。

128.刻　漏

题解

本条叙述了沈括在刻漏方面“凡十余年”研究的心得。据今人模拟实验，经沈括改进的刻漏达到很高的精度。此外，沈括在本条中叙述了他认为重要的两个发现：一是总结出“冬至日行速”“夏至日行迟”的规律，这与近代天文学的结论是一致的；二是对太阳在黄道上运行规律的推算，这是沈括在天文算法上的一项重要贡献。据沈括自己叙述，推算方法主要有“圆法”和“妥法”两种。由于记载这些算法的《熙宁晷漏》一书已经失传，所以后人的解释也众说纷纭，还有待于进一步的研究。本篇的注释和译文只是采纳了诸多研究结论中的一种。沈括之所以能取得这些杰出成就，是因为其具有孜孜不倦的探索精神以及“非袭蹈前人之迹”的创新精神。

古今言刻漏者数十家[1]，悉皆疏缪[2]。历家言晷漏者[3]，自《颛帝历》至今，见于世谓之“大历”者[4]，凡二十五家。其步漏之术[5]，皆未合天度[6]，予占天候景[7]，以至验于仪象[8]，考数下漏[9]，凡十余年，方粗见真数，成书四卷，谓之《熙宁晷漏》，皆非袭蹈前人之迹，其间二事尤微。一者，下漏家常患冬月水涩[10]，夏月水利，以为水性如此，又疑冰澌所壅[11]，万方理之[12]，终不应法。予以理求之，冬至日行速，天运未期而日已过表[13]，故百刻而有余；夏至日行迟，天运已期而日未至表[14]，故不及百刻。既得此数，然后复求晷景漏刻，莫不吻合。此古人之所未知也。二者，日之盈缩[15]，其消长以渐，无一日顿殊之理。历法皆以一日之气短长之中者[16]，播为刻分[17]，累损益[18]，气初日衰[19]，每日消长常同；至交一气，则顿易刻衰，故黄道有觚而不圜[20]，纵有强为数以步之者，亦非乘理用算，而多形数相诡[21]。大凡物有定形，形有真数。方圜端斜，定形也；乘除相荡[22]，无所附益，泯然冥会者[23]，真数也。其术可以心得，不可以言喻。黄道环天正圜，圜之为体，循之则其妥至均[24]，不均不能中规衡；绝之则有舒有数[25]，无舒数则不能成妥。以圜法相荡而得衰[26]，则衰无不均；以妥法相荡而得差[27]，则差有疏数[28]。相因以求从[29]，相消以求负[30]，从负相入[31]，会一术以御日行[32]。以言其变，则秒刻之间消长未尝同；以言其齐，则止用一衰[33]，循环无端，终始如贯，不能议其隙。此圜法之微，古之言算者有所未知也。以日衰生日积[34]，反生日衰，终始相求，迭为宾主，顺循之以索日变，衡别之求去极之度[35]，合散无迹，泯如运规。非深知造算之理者，不能与其微也。其详具予奏议，藏在史官，及予所著《熙宁晷漏》四卷之中。

注释

① 刻漏：中国古代计时器。漏是指带孔的壶，刻是指附有刻度的浮箭，有泄水型和受水型两种。早期多为泄水型漏刻，水从漏壶孔流出，漏壶中的浮箭随水面下降，浮箭上的刻度指示时间。受水型漏刻的浮箭在受水壶中，随水面上升指示时间，为了得到均匀水流可置多级受水壶。

② 疏缪：粗疏错误。

③ 晷漏：日晷和刻漏。

④ 大历：官修的历法。

⑤ 步漏之术：用刻漏测算时间的方法。步，测量，推算。

⑥ 天度：周天的度数，古代天文学划分周天区域的单位。这里指天象的运行。

⑦ 占天：观测天象。候景：测日影，古代测日影定时刻。景，通“影”。

⑧仪象：浑仪与浑象，观测与模拟天象的天文仪器。

⑨考数下漏：用实测所得数据考核刻漏的下水量。

⑩下漏家：操作刻漏计时的人。水涩：水流不畅。

⑪冰澌 sī 所壅：流水结冰阻塞了漏嘴。澌，流水。

⑫理：调整、调理。

⑬天运未期而日已过表：天象还未运行一个周期（即一天还不到），而日影已经越过圭表（刻漏已经计时 100 刻，即一昼夜）。“未”原作“已”，据清张文虎《舒艺室杂著》甲编卷下改。古人将太阳连续经过两次中天，即太阳在圭表上投下的日影最短时的时间间隔作为一日，这样定出的日，在现代天文学上称真太阳日。由于地球自身的运动和日地距离不等等因素，真太阳日是不均匀的。据近代观测证实，每年 9 月 16 日中午到 17 日中午之间只有 23 小时 59 分 39 秒，而 12 月 23 日中午到 24 日中午却有 24 小时 0 分 30 秒。

⑭天运已期而日未至表：原作“天运未期而日已至表”，据清张文虎《舒艺室杂著》甲编卷下改。按：事实上真太阳日的长短不仅与太阳在黄道上的运行速度有关（这一点沈括认识到了），而且还与地球自身的运动（如黄赤交角等）有关，结合注⑭可知，沈括论述的前提，即“冬至日行速，夏至日行迟”的认识是正确的，而推论却并不尽然。

⑮日之盈缩：指太阳运行的快慢。古代漏刻大多在不同季节换用长度不同的箭刻，认为这和太阳运

行的快慢有关。

⑯一日之气短长之中者：一个节气中各日长短的平均值。

⑰播为刻分：划分为刻和分（1度=100刻，1刻=100分）。播，划分。

⑱累损益：将多余和减少的累积起来，日差的累积值叫日积差。

⑲日衰cuī：日差量。衰，等次，等级，差量。

⑳觚gū：棱角。圜：同“圆”。

㉑形数相诡：形状与数值不符。形，可理解为天体的运行轨迹。

㉒相荡：进行运算。

㉓泯然冥会：暗中吻合得很好。

㉔妥：盈缩的总称。

㉕有舒有数cù：有慢有快。

㉖圜法：一说将黄道分成四个象限，求每个象限的总的盈缩积差的方法。

㉗妥法：一说沈括自己计算瞬时盈缩差和盈缩积差的方法。盈缩差是太阳实际运行度数与平均运行度数之差，它是瞬时值，每一时刻都不相同；盈缩差的累积值称盈缩积差。盈缩差一天的累积值叫日差，以天为时间单位，逐日累积叫日积差。

㉘疏数：稀疏和密集。

㉙相因：相乘。

㉚相消：相减。

㉛从负相入：把计算所得的“从”和“负”的结果汇总起来。

㉜会一术以御日行：一般认为，沈括此处所用的是唐宋时代其他历家所一致采用的“相减相乘”法，即不等距的内插法来计算不同季节真太阳日的长短。

㉝一衰：一差分。

㉞日积：日积差。

㉟去极之度：太阳在黄道上距离北极的度数。

译文

古今谈论刻漏的有几十家，全都粗疏谬误。历法家论述日晷、刻漏的，从《颛帝历》到现在，为世人所见且称为“大历”的共二十五家，他们用刻漏测算时间的方法都不合乎天象的运行。我观察天象、测量日影，并用浑仪、浑象进行校验，考核数据、操作刻漏共十余年，才初步得到合乎实际的数据，著成四卷书，叫作《熙宁晷漏》，完全没有因袭前人的做法。其中有两件事尤其精妙，其一是，操作刻漏的人常常为冬天水流迟滞、夏天水流滑利所困扰，认为是水性如此使然，但又怀疑是水结冰堵塞了壶嘴，多方设法进行调理，但总不能合乎要求。我从理论上进行了探讨，冬至前后太阳运行快，天象还未运行一个周天，而日影已经越过了圭表，所以一天超过了一百刻；夏至前后太阳运行得慢，天象运行已经周天，而日影却没有达到圭表，所以一天不够一百刻。我得到这些数据后，再与晷影、漏刻测得的数据相核对，无不吻合，这是古人所不知道的。其二是，太阳运行的快慢，其增长和消减是逐渐的，没有在那一天里突然变动的道理。历法上都以一个节气中各天长短的平均值划分为刻与分，将每天多余和减少的累积起来。节气之初，日长差额每天的增减量都相同；到了交下一节气，则突然改变了差量，这样黄道就像有了棱角而不圆了，即使勉强用些数值来凑合推算，也不是合乎机理地进行运算，大多形状与数值不符。大凡物体都有确定的形状，每种形状都有符合实际的数值。方、圆、正、斜都是确定的形状；通过乘除之类的数学运算，不附加任何别的东西，其形状与数值能完全吻合的，就是符合实际的数值。这种方法只可意会而不可言传。黄道环绕天空，是一个正圆，圆这种形体，天体沿着它的轨迹运行，则盈缩极其均等，不均等就不符合圆规量度；不沿着它的轨迹运行，则有快有慢，没有快慢就不会有盈缩。根据圆形的法度进行推算，所得的差额是相等的；根据盈缩的法度进行推算，所得的差额就有大小。将它们相互乘起来求取总值，相互抵消以求取差额，把总值与差额汇总起来，形成一种数学方法来说明太阳的运行。从太阳运行变化上来说，则其每秒每刻之间的增减都不相同；从太阳运行一致上来说，只用一个差额就能循环往复，始终连贯，无法找出它间断的地方。这种圆形法度的精妙，是过去谈论历算的人所不太知道的。通过日差求出日积差，然后反过来得出日差，反复进行推算，交替为主为辅，顺循计算可以得出每天长度的变化，衡别推算可以得出太阳距离北极的度数，合起来和分开来计算都没有破绽，吻合得如同用圆规画圆一样，不是精通算理的人，是无法体会其中的精妙之处的。上述的详细内容都写在我的奏议里，为史官所收藏，还写在我所著的四卷《熙宁晷漏》之中。

130. 日月之形

题解

本条是沈括与一位官长长段谈话的一部分，论述了日月的形状、组成和月亮发光问题。“月本无光……日耀之乃光耳”的见解并不是沈括首先提出的，但其论述及比喻生动、贴切而自然，能很好地说明问题。需要指出的是，沈括认为日、月与地球距离相等且均“有形而无质”，这种看法是错误的，有其历史局限性。

又问予以：“日月之形，如丸邪，如扇也[①]？若如丸，则其相遇岂不相碍[②]？”余对曰：“日月之形如丸。何以知之？以月盈亏可验也[③]。月本无光，犹银丸，日耀之乃光耳[④]。光之初生[⑤]，日在其傍[⑥]，故光侧而所见才如钩[⑦]；日渐远，则斜照而光稍满。如一弹丸，以粉涂其半，侧视之则粉处如钩，对视之则正圜[⑧]。此有以知其如丸也。日、月，气也[⑨]，有形而无质[⑩]，故相值而无碍[⑪]。”

注释

①扇：团扇，圆形。

②碍：阻碍。古人认为太阳、月亮同在天上，因此它们到地面的距离是相等的，所以才会有当它们碰到一起时会不会互相阻碍的疑问。

③盈亏：指月盈、月亏，即月亮的圆缺。

④光：用作动词，发光。

⑤光之初生：月光初现时，这里指阴历月初只能看到月牙时。

⑥傍：通“旁”。

⑦光侧：指阳光从侧面照射月球。

⑧正圜：正圆。圜，同“圆”。

⑨气：是我国哲学、道教和中医学中常见的概念，并不同于今天的“气体”概念。中国古代思想家将气的概念抽象化，认为是天地一切事物组成的基本元素，有着像气体般的流动特性。人类与一切生物具备的生命能量或动力，也被称为是气。宇宙间的一切事物，均是气的运行与变化的结果。

⑩质：本体，实体。

⑪相值：相遇。

译文

又有官长问我这一个问题：“太阳和月亮，形状是像弹丸呢，还是像团扇？如果像弹丸，那么它们相遇，岂不会相互妨碍？”我回答说：“太阳和月亮的形状像弹丸。何以知道这一点呢？以月亮的圆缺就可以验证。

月亮本来不发光，譬如一个银球，太阳照耀它，它才发光。月光初生时，太阳在其旁边，所以光照在它的侧面，人们所看到的月光面就像个弯钩；太阳渐渐远离月亮时，则阳光斜照过来，月光面就渐渐变得圆满。譬如一颗弹丸，用白粉涂抹它的一半表面后，从侧面看它，则涂粉处如同弯钩；正对着看它，则是正圆。由此可见，太阳和月亮都像弹丸。太阳和月亮，是由气组成的，有形状而无实体，所以相遇而不会有妨碍。”

139.木钟馗

题解

本条借助自动木刻机械“舞钟馗”这一旧事，引出介绍了庆历至熙宁年间的历法行用情况。说明了由于新修的《奉元历》克服了《崇天历》和《明天历》只用太阳平均速度推算日月食的错误做法，所以能够“究其失”，进而能够比较准确地预报日月食。有趣的是，虽然李姓术士的天文历法水平并不十分高明，但在机械制造等“奇技淫巧”方面却显得颇有才能，沈括的这一记载对于中国古代技术史的研究具有一定的史料价值。

庆历中[①],有一术士姓李[②],多巧思。尝木刻一“舞钟馗[③]”，高二三尺，右手持铁简[④]，以香饵置钟馗左手中。鼠缘手取食[⑤]，则左手扼鼠，右手运简毙之。以献荆王[6]，王馆于门下。会太史言月当蚀于昏时[7]，李自云："有术可禳[8]。"荆王试使为之，是夜月果不蚀。王大神之，即日表闻，诏付内侍省问状[9]。李云："本善历术，知《崇天历》蚀限太弱[10]，此月所蚀，当在浊中[11]。以微贱不能自通，始以机巧干荆邸[12]，今又假禳禬以动朝廷耳[13]。"诏送司天监考验[14]。李与判监楚衍推步日月蚀[15]，遂加蚀限二刻。李补司天学生[16]。至熙宁元年七月[17]，日辰蚀东方不效[18]，却是蚀限太强，历官皆坐谪[19]。令监官周琮重修[20]，复减去庆历所加二刻。苟欲求熙宁日蚀，而庆历之蚀复失之。议久纷纷，卒无巧算，遂废《明天》[21]，复行《崇天》。至熙宁五年，卫朴造《奉元历》[22]，始知旧蚀法止用日平度[23]，故在疾者过之，在迟者不及。《崇》《明》二历加减，皆不曾求其所因，至是方究其失。

注释

①庆历：宋仁宗赵祯的年号（1041—1048）。

②术士：古代有时指儒生，有时指以占卜、星相等为职业的人，文中指懂得天文、历法、卜算与某方面技艺的人。

③钟馗：中国民间传说中能捉鬼驱邪的判官。

④铁简：狭长的铁板子。

⑤缘：沿，顺着。

⑥荆王：宋英宗赵曙第四子，宋神宗赵顼同母弟赵颢。

⑦太史：官名，三代为史官，后职位渐低，秦称太

史令，汉属太常，掌天文历法，魏晋以后太史仅掌管推算历法。

⑧ 禳 ráng：祈祷消除灾殃。

⑨ 内侍省：官署名，皇帝之近侍机构，管理宫廷内部事务。

⑩《崇天历》：宋代所用历法之一，分别行用于 1024—1064 年和 1068—1074 年。蚀限：即食限，指日食限和月食限。日食、月食的发生，要求太阳对于黄道面和白道之间的交点的角的距离不能超出一定的限度，此限度叫“食限”。新月时，若太阳与黄、白道交点的角距离大于 18° 31′ 则不生日食，小于 15° 21′ 则必有日食，在两者之间则或食或不食。这两个限界角称为日食限。满月时，若小于 9° 30′，必有月食，大于 12° 15′ 则不生月食，在两者之间则或食或不食。这两个限界角称为月食限。所谓“食限太弱”，是指食限范围定得太宽，因而预料发生食的时间偏早。

⑪ 浊中：指地平线以下。

⑫ 干：追求，求取，旧指追求职位俸禄。荆邸：荆王府邸。

⑬ 禳禬 guì：为消灾、除病而祭祀。禬，古代为消灾除病而举行的祭祀。

⑭ 司天监：官署名，掌管观察天文，并推算历法。

⑮ 楚衍：宋代开封阼城人，精于天文历法，曾补司天监学生，进司天监丞，曾参与编制《崇天历》。

⑯ 司天学生：司天监的下级官员。

⑰熙宁：宋神宗赵顼的年号（1068—1077）。

⑱辰：辰时，上午7时至9时。不效：没有应验，与推算的时间不符。

⑲坐：因某事受牵连而受处罚或被定罪。谪：贬官，文中指受降职处罚。

⑳周琮：宋英宗时任殿中丞判司天监事，曾主持编制《明天历》。

㉑《明天》：即《明天历》。宋英宗治平元年（1064）由周琮等编制而成，行用于1065—1067年。

㉒卫朴：淮南人，平民出身，为沈括举荐，编制《奉元历》。《奉元历》：由提举司天监沈括主持、卫朴制定的历法，行用于1075—1093年。

㉓日平度：太阳在黄道上运行的平均速度。太阳的实际运行速度是不均匀的，所以用日平度来推算日、月食是不准确的。

译文

庆历年间，有一个姓李的术士，多有奇思妙想。他曾经用木头雕刻成一个木头人“舞钟馗”，这个木头人有二三尺高，右手拿着一根铁板条，左手里放着散发香味的饵食。当老鼠顺着爬上去吃诱饵的时候，它就会用左手抓住老鼠，右手挥动铁板条将老鼠打死。此人将这个木头人献给荆王，荆王就把他留下来做了门客。有一次，恰巧碰到太史报告说黄昏时刻会发生月食，姓李的术士自己站出来说：“我有法术可使月食禳除。”荆王就试着让他去消除月食，那天夜晚月食果然没有发生。荆王感到非常神奇，当天就将此事上奏朝廷，皇帝便下诏交付内侍省询问该事的具体情况。姓李的术士说："我原本就擅长历法，知道《崇天历》确定的食限太弱，这次月食的位置应该在地平线以下。因为自己出身卑微，不能亲自将此事上报官府，所以才在起初借助巧妙的器物谋求于荆王府邸，现在只不过又假借能够禳除月食来吸引朝廷的注意罢了。"皇帝于是下诏将他送到司天监，对其说法进行考察验证。姓李的术士同判监楚衍一起推算日食、月食，然后将食限增加了两刻，姓李的被授为司天学生职务。到了熙宁元年七月，按推算辰时应在东方发生的日食却没有应验发生，原来是食限太强的缘故，历法官们都因此而受到降职处分。朝廷下令由监官周琮重新修订历法，再次减去了庆历年间所加的二刻食限。这样一来，如果算准了熙宁年间的这次日食，庆历年间的那次月食则又算不准了。争议讨论了很久，始终没有一个合适的算法，于是废掉了《明天历》，重新起用《崇天历》。到了熙宁五年，卫朴编制《奉天历》，这时才知道过去推算日月食的方法只采用了太阳运行的平均速度，所以当太阳运行得快时就超过了，当太阳运行得慢时又会达不到。《崇天历》和《明天历》两种历法对食限的加减，都没有探求过偏差产生的真正原因，直到这次才探究清楚其中的失误所在。

卷八　象数二

148.五星行度

题解

本条记载了沈括对五星视运动的研究及其修历须注重实际观测的主张。他发现行星视运行的路径“如循柳叶”，在此基础上准确地揭示了行星在轨道两端及中间部分运行速度不同的原因。这实属难能可贵。在本条中还可以看到中国古代官僚体制对科学技术发展的阻碍，这是导致我国科学技术在近代落后的重要原因之一。

予尝考古今历法，五星行度[①]，唯留逆之际最多差[②]。自内而进者，其退必向外；自外而进者，其退必由内[③]。其迹如循柳叶，两末锐，中间往还之道相去甚远。故两末星行成度稍迟[④]，以其斜行故也；中间行度稍速，以其径绝故也[⑤]。历家但知行道有迟速，不知道径又有斜直之异。熙宁中，予领太史令[⑥]，卫朴造历[⑦]，气朔已正[⑧]，但五星未有候簿可验[⑨]。前世修历，多只增损旧历而已，未曾实考天度。其法须测验每夜昏、晓、夜半月及五星所在度秒，置簿录之，满五年，其间剔去云阴及昼见日数外[10]，可得三年实行，然后以算术缀之[11]，古所谓“缀术”者此也[12]。是时司天历官皆承世族[13]，隶名食禄，本无知历者，恶朴之术过已，群沮之[14]，屡起大狱[15]，虽终不能摇朴，而候簿至今不成。《奉元历》五星步术，但增损旧历，正其甚谬处十得五六而已。朴之历术，今古未有，为群历人所沮，不能尽其艺，惜哉！

注释

① 五星：即金、木、水、火、土五大行星。行度：运行的度数。行星绕太阳旋转，各有其运行轨道，其视运动路径在黄道附近，行星运行可用天球上黄道的度数来确定其位置。

② 留逆：天文学名词，行星由东向西运行叫“逆行”，由西向东为“顺行”。当在顺行、逆行的转折点时，叫作“逆”。古人认为太阳的运行速度是恒定的，五星的运行则迟速不一，在与太阳同度之后即渐趋缓慢，然后停留、逆行，逆行之后又顺行。这些都是由相对于太阳的视运动错觉造成的。

③ 内、外：黄道将天球一分为二，黄道北侧称为内，黄道南侧称为外。退：天体自东向西逆行称为“退”，反之则为“进”。

④ 成度：运行一度。

⑤ 径绝：直接度过，指直行。径，直往。绝，越过。

⑥ 太史令：也称太史，官职名，掌管天文历算等。沈括于熙宁五年（1072）提举司天监。

⑦卫朴：淮南人，平民出身，为沈括举荐，编制《奉元历》。

⑧气朔：显示吉凶的云气和每月的朔日，后亦以泛指节气、朔望。这里包括年月长度、节气、朔望、闰法等。

⑨候簿：天文观测记录簿。

⑩昼见：白天出现。月亮及五星白天出现时，被太阳光所遮蔽，不能观测，故需从观测日数中剔除。

⑪缀：指推算。

⑫缀术：我国古代的一种算术方法，主要用于推算天文历法。南北朝祖冲之父子著有《缀术》一书，曾远传到朝鲜、日本，现已失传。

⑬世族：指世袭某种职业的家族。

⑭沮：阻挠，破坏。

⑮狱：讼事，案件。

译文

我曾经查考古今各种历法，发现五星运行的度数只有在稽留和逆行的时候差别最多。自黄道北侧顺行的行星，其逆行必然要趋向黄道以南；自黄道南侧顺行的行星，其逆行必然要趋向黄道以北。行星的运行轨迹如同沿着柳叶运行，两头尖锐，中间往返的路径之间相距很远。所以在两头，行星运行一度较慢，这是由于其斜行的缘故；在中间部分运行一度较快，这是由于其直行的缘故。以往历法家只知道行星的运行有快慢，而不知道它们行经的轨道还有斜直的差异。熙宁年间，我担任太史令，卫朴制定历法，节气、朔望等已经修正，但五星部分没有天象观测记录可供检验。前世修订历法，大多只是增删旧历而已，并没有实际稽考过天象的行度。稽考的方法是必须在每天的黄昏、夜半和拂晓时分，对月亮及五星所在的度数和时刻进行观测检验，并专置记录簿记录下来，满五年，其间除去多云阴天及五星在白天出现的天数，可得累计三年的五星实际运行的数据，然后对这些数据用算术方法进行推算，即古人所称的“缀术”。当时司天监的历官都是继承家族职业，徒隶名籍而坐吃俸禄，根本没有真正懂历法的人，这些人嫉恨卫朴的本领超过自己，纠合起来进行阻挠，屡次制造大案陷害卫朴，虽最终没有能动摇卫朴，但天文观测记录簿至今没有完成。《奉元历》关于五星的推算方法，还是只能增删旧历，纠正其重大谬误之处，只能达到十之五六而已。卫朴制造历法的技术是古今没有过的，但为一群历人所阻挠，而不能充分发挥他的才能，真是可惜啊！

149. 天文院、司天监作弊

题解

本条介绍了天文院和司天监联手作弊、蒙蔽朝廷的情况。国家设置两个相似机构的目的本来是为了相互核查监督，以防作弊，但由于管理体制及人员任用方面并无多大制度创新，因而原本良好的愿望在陈旧的体制面前只能化为水中泡影，只落得徒增冗员和酴醾钱粮而已。

国朝置天文院于禁中①，设漏刻、观天台、铜浑仪②，皆如司天监，与司天监互相检察。每夜天文院具有无谪见、云物、祯祥③，及当夜星次④，须令于皇城门未发前到禁中。门发后，司天占状方到⑤，以两司奏状对勘，以防虚伪。近岁皆是阴相计会⑥，符同写奏⑦，习以为常，其来已久，中外具知之⑧，不以为怪。其日月五星行次，皆只据小历所算躔度誊奏⑨，不曾占候，有司但备员安禄而已。熙宁中，予领太史⑩，尝按发其欺⑪，免官者六人。未几，其弊复如故。

注释

①国朝：即宋朝，作者称自己所在的朝代。禁中：指帝王所居宫内。天文院：宋代设置的天文观测和研究机构，先属司天监。元丰改制后属太史局，掌浑仪台昼夜测验星象等事。

②漏刻：又叫刻漏，古代的计时工具。观天台：用以观测天象的高台，又称灵台或崇台。浑仪：我国古代用来测量天体坐标和两天体间角距离的重要仪器。

③具：备办，文中指记录上报。谪见：古代迷信认为异常的天象是上天对人的谴责，出现灾变的征候叫“谪见”。云物：日旁云气的颜色，古人凭以观测吉凶。祯祥：吉祥的征兆。

④ 星次：指五星运行的位置。古人为了说明日月五星的运行和节气的变换，将黄赤道附近一周天按照由西向东的方向分为十二个等分，叫作星次。十二次的名称为：星纪、玄枵、娵訾、降娄、大梁、实沈、鹑首、鹑火、鹑尾、寿星、大火、析木。

⑤ 占状：报告观测天象结果的奏状。

⑥ 阴相计会 kuài：私下商量好。

⑦ 符同：相同。

⑧ 中外：宫内和宫外。

⑨ 小历：始于唐末的一种民间历法。躔 chán 度：日月星辰运行的度数。古人将周天分为三百六十五度四分度之一，划为若干区域，以所处度数辨别日月星辰的方位。躔，天体的运行。

⑩ 领太史：沈括于熙宁五年（1072）提举司天监。

⑪ 按发：揭发。

译文

本朝在皇宫内建立天文院，设置漏刻、观天台、铜制浑仪，全都与司天监相同，以与司天监互相检验监督。每天晚上，天文院都要将观测到的星象变异、日旁云气的颜色、吉祥的征兆，以及当夜五星的位置等记录下来，必须在皇城还未开门前报送到宫中。皇城开门后，司天监报告观测天象结果的奏状才送达，将这两个机构的两份奏状进行互相核对，以此来防止弄虚作假。近年来，这两个机构都是暗地里商量好，记录和奏报都是一模一样，并且已经习以为常，这种做法由来已久，宫廷内外的人都知道，不以为怪。他们所奏报的日月五星的运行位置，都是只根据民间历法所计算的运行度数抄录上报，并不曾进行实际的天象观测。有关机构只是安置人员、白领俸禄而已。熙宁年间，我担任太史令，曾经揭发过他们的欺骗行为，罢免了六个人的官职。没过多久，弊病依然如故。

卷九 人事一

《梦溪笔谈》第九、第十卷所谓“人事”即人物轶事。宋代笔记体著作中，人物轶事占有很大比重，内容多为作者亲见或听闻的一些真人轶事，其中不乏一些历史名人。因此这些笔记、野史性的材料可以弥补某些正规史书传记中人物事迹记载粗略之不足，间或可以纠正某些史书错误。沈括记人事，对有些关系到当时士大夫们名声褒贬的事，“虽善亦不欲书，非止不言人恶而已”。因此这些材料“不系人之利害”，无关乎善恶之别，只是着眼于轶事本身，真能给人以启发者则记之，在事而不在于人。诸事秉直而述，娓娓道来，在述说中给人以思考和启迪，平实而又意味深长。

151.寇准镇物

题解

本条抓住北宋“澶渊之盟”前的一个细节，描述了寇准敢于在“中外之论不一”时，独自忠心耿耿地“赞成上意”。在面对强敌压境、“人情恟恟”时，能以酣睡及如雷鼻息稳定军心，安抚众人，避免了混乱局面的产生。最终使宋朝获得有利局势以与辽国议和。

景德中[1]，河北用兵[2]，车驾欲幸澶渊[3]，中外之论不一，独寇忠愍赞成上意[4]。乘舆方渡河[5]，虏骑充斥，至于城下，人情恟恟[6]。上使人微觇准所为[7]，而准方酣寝于中书[8]，鼻息如雷。人以其一时镇物[9]，比之谢安[10]。

注释

①景德：宋真宗赵恒的年号（1004—1007）。

②河北：路名，即河北路。辖境相当于今河北省易水、雄县、霸州市和海河以南，及山东、河南两省黄河以北的大部。

③车驾：帝王的代称，文中指真宗赵恒。澶 chán 渊：古地名，在今河南省濮阳市西南。

④寇忠愍：即寇准（961—1023）。字平仲，华州下邽（今陕西渭南）人。北宋政治家、诗人，卒谥忠愍。上：封建时代称君主为“上”，文中指宋真宗。

⑤乘舆：皇帝的车驾。

⑥恟 xiōng 恟：骚动不安的样子。

⑦微：秘密，暗中。觇 chān：看，偷偷地察看。

⑧中书：官署名，唐代的中书省，宋代的政事堂，亦直称为“中书”，为宰相议事之处。

⑨镇物：使众人镇定。

⑩谢安（320—385）：字安石，陈郡阳夏（今河南太康）人。东晋名士、宰相，以有“雅量”、处变不惊著称。

译文

景德年间，河北路发生战事，皇上想亲自到澶渊督战，朝廷内外意见不一，只有寇准赞成皇帝的想法。皇上的车驾刚过黄河，敌方的骑兵便蜂拥而至，有的已来到城下，一时人心惶惶。皇帝派人暗中观察寇准在做什么，而寇准此时正在中书官署里酣睡，鼾声如雷。人们因为寇准当时能够镇住物议、稳定军心，将其比作东晋时的谢安。

153.打关节秀才

题解

本条描写了许怀德尽管为一介武夫，但对于通过人际关系获取职位的举人，仍以不合礼仪的实际行动表示出其内心的鄙视之情。

许怀德为殿帅[①]。尝有一举人，因怀德乳媪求为门客[②]，怀德许之。举子曳襴拜于庭下[③]，怀德据座受之。人谓怀德武人，不知事体[④]，密谓之曰："举人无没阶之礼[⑤]，宜少降接也[⑥]。"怀德应之曰："我得打乳媪关节秀才，只消如此待之！"

注释

①许怀德：字师古，开封祥符（今河南开封）人，

曾任殿前指挥使。殿帅：宋代称统领禁军的殿前司长官都指挥使或殿前指挥使为殿帅。

②因：通过，依托。

③曳：拉，牵引。襕：古代一种上下衣相连的服装。

④事体：体制，体统。

⑤无没阶之礼：迎送宾客的礼貌行为。指接见举人时，主人虽然不必从庭堂的台阶上完全走下来，但应该从庭堂的台阶上往下走几节，以示尊重。

⑥少降：稍微从庭堂的台阶上往下走一点。

译文

许怀德做殿帅时，曾经有一个举人，通过许怀德的乳母说情，请求做门客，许怀德同意了。那个举人拖着襕衫在庭下行拜见之礼，许怀德坐在堂上接受了他的拜见。有人认为许怀德是一介武夫，不识体统，就暗地里对他说："接见举人不必从台阶上下到底，但您也应该稍微往下走几节台阶接受行礼。"许怀德回答说："我得到的是一个通过乳母说情的秀才，只需要这样对他。"

158.工文正局量宽厚

题解

本条以王旦平日的家居琐事，突出描绘了其鲜明的个人性格。展现了他虽身居高位，却"局量宽厚，未尝见其怒"的为人处世方式。

王文正太尉局量宽厚[①]，未尝见其怒。饮食有不精洁者，但不食而已。家人欲试其量，以少埃墨投羹中[②]，公唯啖饭而已。家人问其何以不食羹，曰："我偶不喜肉。"一日，又墨其饭[③]，公视之曰："吾今日不喜饭，可具粥。"其子弟愬于公曰[④]："庖肉为饔人所私[⑤]，食肉不饱，乞治之。"公曰："汝辈人料肉几何[⑥]？"曰："一斤，今但得半斤食，其半为饔人所廋[⑦]。"公曰："尽一斤可得饱乎？"曰："尽一斤固当饱。"曰："此后人料一斤半可也。"其不发人过皆类此。尝宅门坏，主者彻屋新之[⑧]，暂于廊庑下启一门以出入[⑨]。公至侧门，门低，据鞍俯伏而过，都不问。门毕，复行正门，亦不问。有控马卒，岁满辞公，公问："汝控马几时？"曰："五年矣。"公曰："吾不省有汝。"既去，复呼回曰："汝乃某人乎？"于是厚赠之。乃是逐日控马，但见背，未尝视其面；因去见其背，方省也[⑩]。

注释

①王文正：即王旦（957—1017）。字子明，大名莘县（今属山东）人。太宗太平兴国五年进士，以著作郎预编《文苑英华》；真宗咸平时累官同知枢密院事、参知政事，景德三年拜丞相，监修《两朝国史》。善知人，多荐用厚重之士。天禧元年，以疾罢相，卒谥文正。太尉：官名。秦至西汉设

置，为全国军政首脑，与丞相、御史大夫并称三公。汉武帝时改称大司马。东汉时太尉与司徒、司空并称三公。历代亦多沿置，但渐变为加官，无实权。至宋徽宗时，定为武官官阶的最高一级，但本身并不表示任何职务。一般常用作武官的尊称。元以后废。因王旦曾为同知枢密院事，故以太尉称之。局量：器量，度量。

② 埃墨：烟灰。

③ 墨：作动词用，投烟灰将饭弄黑。

④ 子弟：子与弟，对父兄而言，亦泛指子侄辈，有时也泛指年轻后辈。愬 sù：同“诉”，投诉，告状。

⑤ 饔 yōng 人：泛指厨师。

⑥ 料肉：指按量供应的肉。料，量，称量。

⑦ 廋 sōu：隐藏，藏匿。

⑧ 彻：毁坏，拆除。

⑨ 廊庑：堂前的廊屋。

⑩ 省：明白，醒悟过来。

译文

王文正太尉为人宽厚有度量，从未见他发怒。饮食有不太干净的，他也只是不吃而已。家人想试试他的度量，将少许烟灰投到肉羹中，他就只吃饭而已。家人问他为何不吃肉汤，他说：“我偶尔不喜欢肉。”有一天，家人又用烟灰将他的米饭弄黑，他看到后说：“我今天不想吃饭，可以弄点粥来。”他的子弟们曾向他告状说：“厨房的肉让厨子们私占了，肉吃不饱，请惩治厨子。”王公说：“你们这些人一天按量供应的肉是多少？”子弟们说：“一斤。现在只能吃到半斤，另外半斤让厨子给藏起来了。”王公说：“给足你们一斤可以吃饱吗？”子弟们说：“给足一斤当然可以吃饱。”王公于是说：“今后每人一天可以按量供应一斤半。”他不愿揭发别人的过失，都与上述做法类似。他家的大门曾经坏了，管事的人便拆除门房，重新建造，暂时在堂前廊屋下开了一扇门，以供出入。王公来到这个侧门前，门太低，就抓住马鞍伏下身子过去，什么都不过问。大门修好后，再从正门出入，也还是什么都不过问。有个牵马的兵卒，服役期满向王公辞行，王公问：“你牵马多长时间了？”兵卒说：“五年了。”王公说：“我不记得有你啊。”兵卒转身离开后，王公又把他叫了回来，说：“你是某人吧？”于是赠送他很多钱物。原来这个兵卒每日牵马，王公只看到他的后背，不曾看清他的脸面；当兵卒离去时，看到他的后背，这才省悟过来。

163.李士衡不重财物

题解

本条记载了一则与“偷鸡不成蚀把米”相类似的故事。李士衡不拘小节，不重私利，对副使损人利己的行为并不在意，却最终一无所失；而副使处心积虑地欲牺牲他人利益以保全自己的私利，孰料人算不如天算，最终一无所有。这笑话般的结局，似乎暗示了冥冥之中总有天意在主持着人间正义，这对于私心作祟者无疑是一个莫大的嘲弄与讽刺。

李士衡为馆职[①]，使高丽，一武人为副。高丽礼币赠遗之物[②]，士衡皆不关意，一切委于副使。时船底疏漏，副使者以士衡所得缣帛藉船底[③]，然后实已物以避漏湿。至海中，遇大风，船欲倾覆。舟人大恐，请尽弃所载，不尔船重必难免。副使苍惶[④]，悉取船中之物投之海中，便不暇拣择。约投及半，风息船定。既而点检所投，皆副使之物，士衡所得在船底，一无所失。

注释

①李士衡（959—1032）：字天均，秦州成纪（今甘肃天水）人，官至尚书左丞。馆职：于昭文馆（唐时称弘文馆）、史馆、集贤院等处担任修撰、编校等工作的官职。

②礼币：用作馈赠、贡献的礼物。赠遗wèi：赠送，赠给。

③缣帛：绢类的丝织物，古代多用作赏赐酬谢之物，亦用作货币。藉jiè：衬垫。

④苍惶：匆忙，惊慌。

译文

李士衡为馆职时，出使高丽，一名武将为副使。高丽赠送给他们的礼品和其他物品，士衡都不在意，一切都交给副使管理。当时船底有缝隙，有些漏水，副使就将士衡所得到的丝织品等礼物垫在船底，然后把自己的东西放在上面，以防止被漏水浸湿。到了海上，遇到大风，船眼看就要倾覆。船工十分恐慌，请求将船上所载的物品全部扔掉，不然船太重，难免会有颠覆的危险。副使惊慌失措，连忙取船中的东西扔进海里，哪里有工夫再进行挑选。约扔了一半东西，风停了，船也稳定下来。随后点检所扔的东西，发现都是副使的物品，士衡所得的礼物都在船底，一点也没有损失。

168.王荆公轶事二则

题解

此条撷取了王安石生活中的两件小事，即不受紫团参和澡豆。一方面可以看出王安石处事廉洁、拒受馈赠的行事原则，另一方面也可以从其诙谐风趣的谈话中体会到乐观无畏的性格。其回答看上去也颇有几分唯物主义精神在内，这与王安石变法所展现的务实及创新精神其实是一致的。

王荆公病喘[①]，药用紫团山人参[②]，不可得。时薛师政自河东还[③]，适有之，赠公数两，不受。人有劝公曰："公之疾，非此药不可治，疾可忧，药不足辞。"

公曰："平生无紫团参，亦活到今日。"竟不受。公面黧黑[④]，门人忧之，以问医，医曰："此垢污，非疾也。"进澡豆令公颒面[⑤]。公曰："天生黑于予，澡豆其如予何！"

注释

①王荆公：即王安石（1021—1086）。字介甫，号半山，临川（今江西抚州）人。封为舒国公，后又改封荆国公。北宋政治家、思想家、文学家、改革家，唐宋八大家之一。病喘：患哮喘病。

②紫团山人参：紫团山出产的人参，即紫团参。因出产于山西壶关县东南部和陵川县交界处的紫团山而得名，明代医学家李时珍将紫团参与辽东、高丽诸参列为上品。

③薛师政：即薛向。字师正，河中万泉（今山西万荣南）人。以荫补官，宋元丰年间知枢密院，善理财，卒谥恭敏。河东：路名，即河东路，北宋所设十五路行政区划之一。

④黧 lí：黑里带黄的颜色。

⑤澡豆：古代洗沐用品。用猪胰磨成糊状，合豆粉、香料等，经自然干燥而制成的块状物，有去污和营养皮肤的作用。颒 huì：洗脸。

译文

王荆公有哮喘病，用药需要紫团山人参，但买不到。这时薛师政自河东路回来，正好有这东西，就送给荆公几两，荆公不接受。有人劝荆公说："您的病，非这药不能治。疾病令人担忧，这些药物不用推辞。"荆公说："我平生没有紫团参，也活到今天。"最后终于没有接受。荆公脸面有些黑黄，门人有些担心，去问医生。医生说："这是污垢，并非疾病。"奉上一些澡豆让荆公洗脸，荆公说："老天就赋予我黑脸，澡豆又能把我怎么样呢？"

171.孔旻爱人

题解

本条将孔旻的"爱人"事迹与历史上两件为人熟知的名人故事进行了类比，似乎透露出作者对孔旻行事的一点微词。凡事矫枉过正则过犹不及，刻意表现出来的节操多少有点作秀的成分，还是自然行事、适度中庸为好。

淮南孔旻[①]，隐居笃行[②]，终身不仕，美节甚高。尝有窃其园中竹，旻愍其涉水冰寒[③]，为架一小桥渡之。推此则其爱人可知。然余闻之，庄子妻死，鼓盆而歌[④]。妻死而不辍鼓可也，为其死而鼓之，则不若不鼓之愈也。犹邴原耕而得金[⑤]，掷之墙外，不若管宁不视之愈也。

注释

① 孔旻 mín：字宁极，曾隐居汝州。待人宽厚，事父母至孝，王安石曾为其写墓志铭。

② 笃行：行为淳厚，纯正踏实。

③ 愍 mǐn：同“悯”，哀怜，怜悯。

④ 庄子妻死，鼓盆而歌：语出《庄子·至乐》：“庄子妻死，惠子吊之，庄子则方箕踞鼓盆而歌。”鼓盆，敲打瓦罐。

⑤ 邴 bǐng 原：字根矩，北海朱虚（今山东临朐东）人。东汉末年官吏，著名学者、名士。与华歆、管宁齐名，时称三人为一龙，以年龄排序，“歆为龙头，原为龙腹，宁为龙尾”。《世说新语·德行》载：“管宁、华歆共园中锄菜，见地有片金，管挥锄与瓦石不异，华捉而掷去之。又尝同席读书，有乘轩冕过门者，宁读如故，歆废书出看。宁割席分坐曰：‘子非吾友也。’”据此，“得金捉而掷之”的应该是华歆，而不是邴原，沈括的记载应为误。

译文

淮南人孔旻，隐居乡里，行为淳厚，纯正踏实，终身没有做官，他美好的节操十分高洁。曾有人偷他园子里的竹子，孔旻怜悯偷竹者蹚水而寒冷，就架起一座小桥让其顺利通过。由此可推知孔旻的仁爱之心。不过我听说，庄子的妻子死了，他就敲打瓦罐唱起歌来。妻子死了，不中止敲打是可以的，但如果因为妻子死了而去敲打，反而不如不敲打为好。就好像邴原耕地时看到一块金子，捡起来扔出墙外，反倒不如管宁看都不看的好。

173.造宅与卖宅

题解

本条描述了郭进的才略，不仅在军事方面表现突出，在一般武人所不具备的知人善任方面，似乎也颇具未卜先知之能。然而这个与“富不过三代”有几分类似的故事，读起来并不令人轻松。若郭进果真才略优长，凡事洞若观火，何不对儿子们悉心教养，以免其日后落入卖宅度日的悲惨境地。抑或这种先见之明只是郭进在疏于教育、无可挽回情境下的无奈之语？

郭进有材略①，累有战功，尝刺邢州②。今邢州城乃进所筑，其厚六丈，至今坚完。铠仗精巧，以至封贮亦有法度。进于城北治第，既成，聚族人宾客落之③，下至土木之工皆与。乃设诸工之席于东庑④，群子之席于西庑。人或曰：“诸子安可与工徒齿⑤？”进指诸工曰：“此造宅者。”指诸子曰：“此卖宅者，固宜坐造宅者下也。”进死未几，果为他人所有，今资政殿学士陈彦升宅⑥，乃进旧第东南一隅也。

注释

①郭进（922—979）：北宋名将，深州博野（今河北蠡县）人。为人倜傥任气，结豪侠，嗜酒好赌，官至都部署。

②刺邢州：为邢州（今河北邢台）刺史。

③落：古代宫室建成时举行的祭礼，后泛指建筑物完工。这里指举行落成典礼。

④庑：堂下周围的走廊、廊屋。

⑤齿：并列。

⑥资政殿学士：资政殿为北宋皇宫中一处用于藏书和理政的宫殿建筑，同时也用作宴殿和讲习之所。景德二年（1005）四月，置资政殿学士，以备咨询国政。陈彦升：即陈荐（1016—1084）。字彦升，宋代邢州沙河（今邢台沙河）人。累进资政殿学士。

译文

郭进有才干谋略，屡立战功，曾为邢州刺史。现在的邢州城即郭进建造的，城墙厚六丈，至今仍坚固完好。城中铠甲兵器精致巧妙，以至封存贮备也有制度。郭进在城北建造宅第，建成后，召集族人和宾客举行落成典礼，下至土工、木工也都参加。于是将各类工匠的宴席设在东廊庑，儿子们的宴席设在西廊庑。有人说："诸位令郎怎么能与工匠并列？"郭进指着工匠们说："这些是造宅子的人。"又指着儿子们说："这些是卖宅子的人，当然应该坐在造宅子人的下位。”郭进死后没多久，他的宅子果然为他人所有，现在资政殿学士陈彦升的宅子，就是郭进旧府第的东南一角。

178.石曼卿戒酒而卒

题解

本条所述石曼卿的豪饮方式与常人殊异，其死亡原因也出人意料。根据《宋史》记载，石曼卿之所以如此爱喝酒，是因为其怀才不遇而借酒浇愁。而其喝酒方式如此多样、怪异，一方面可能与豪饮后思维控制力下降有关；另一方面可能是他希望借助如此怪癖的行为吸引大众的注意力，表达自己的不满情绪。无论如何，传统与习惯的力量都是巨大的，一旦手段成为习惯，在达到手段所欲达到的目的后再去改变，却极为困难。石曼卿最终死于这手段的改变之中。不得不说，这种哲学式的结局真是个悲剧。

石曼卿喜豪饮[①]，与布衣刘潜为友[②]。尝通判海州[③]，刘潜来访之，曼卿迎之于石闼堰[④]，与潜剧饮。中夜酒欲竭，顾船中有醋斗余，乃倾入酒中并饮之。至明日[⑤]，酒醋俱尽。每与客痛饮，露发跣足[⑥]，著械而坐[⑦]，谓之“囚饮”。饮于木杪[⑧]，谓之“巢饮”。以藁束之[⑨]，引首出饮，复就束，谓之“鳖饮”。其狂纵大率如此。廨后为一庵[10]，常卧其间，名之曰“扪虱庵”。未尝一日不醉。仁宗爱其才，尝对辅臣言，欲其戒酒。延年闻之，因不饮，遂成疾而卒。

注释

① 石曼卿：即石延年（994—1041）。字曼卿，一字安仁，别号葆老子。祖居幽州（今北京一带），后迁居宋城南（今河南鹿邑境）。石曼卿工诗，善书法，著有《石曼卿诗集》。

② 刘潜：石曼卿的朋友，字仲方，宋时定陶人。少卓逸，有大志，好为古文，后举进士，知蓬莱县。文中称其为布衣，当指刘潜尚未为官时。

③ 通判海州：担任海州通判。海州，今江苏东海县一带。

④ 石闼 tà 堰：地名。

⑤ 明日：第二天。

⑥ 跣 xiǎn 足：光脚。

⑦ 著械：戴上枷锁。械，木枷和镣铐之类的刑具。

⑧ 木杪 miǎo：树梢。

⑨ 稾：同“稿”，谷类植物的茎秆。

⑩ 廨：官署，旧时官吏办公处所的通称。庵：圆形草屋。

译文

石曼卿喝酒喜欢豪饮，与平民刘潜是朋友。曼卿曾为海州通判，刘潜来拜访他，曼卿到石闼堰迎接他，遂与刘潜痛饮。到半夜酒快要喝光了，看到船中有一斗多醋，就倒入酒中一并喝了起来。到了第二天，酒和醋都喝光了。每当他与客人痛饮，就披散着头发光着脚，戴着枷锁坐着，称之为“囚饮”；或爬到树梢上喝酒，称之为“巢饮”；或用禾秸将自己捆起来，伸出头喝酒，喝完后再把头缩回去，称之为“鳖饮”。其狂荡放纵大都像这样子。其官署后面有个小草屋，他常常躺在那里，称之为“扪虱庵”。没有一日不醉。仁宗爱惜其才能，曾对辅政大臣说，希望延年戒酒。延年听说了这件事，就不再喝酒，结果因此成疾而死去了。

181.刘廷式不负婚约

题解

本条记述了刘廷式读书登科后仍不忘履行旧约的故事，赞颂了刘廷式重信守义的美德懿行。以今天的眼光看来，婚姻当以爱情为基础，完全靠传统道德予以维持似乎欠妥。作者将刘廷式不负婚约的行为全部归之于信义，而几乎和二人之间的情感无涉，读起来并不特别令人佩服。不过信义为立人之本，在任何时代都不应过时，特别是对于现今的契约社会来说，就显得更为重要。从这一点来看，刘廷式的行为确实令人赞赏。

朝士刘廷式[①]，本田家。邻舍翁甚贫，有一女，约与廷式为婚。后契阔数年[②]，廷式读书登科[③]，归乡闾访邻翁[④]，而翁已死；女因病双瞽[⑤]，家极困饿。廷式使人申前好，而女子之家辞以疾，仍以佣耕，不敢姻士大夫。廷式坚不可："与翁有约，岂可以翁死子疾而背之？"卒与成婚。闺门极雍睦[⑥]，其妻相携而后能行，凡生数子。廷式尝坐小谴[⑦]，监司欲逐之，嘉其有美行，遂为之阔略[⑧]。其后廷式管干江州太平宫[⑨]，而妻死，哭之极哀。苏子瞻爱其义[⑩]，为文以美之。

注释

① 朝士：朝廷之士，泛称中央官员。刘廷式：应为"刘庭式"。字得之，宋朝齐州（今山东济南）人。进士出身，曾任齐州通判，后监江州太平宫，老于庐山。

② 契 qiè 阔：久别。

③ 登科：举人考中进士为登科，也称登第。

④ 乡闾 lǘ：家乡，故里。

⑤ 瞽 gǔ：眼睛失明。

⑥ 雍睦：和睦。

⑦ 坐小谴：指犯了轻微过错而小有贬谪。

⑧ 阔略：宽恕，宽容。

⑨ 管干：犹管勾。管理，办理。

⑩ 苏子瞻：即苏轼（1037—1101）。字子瞻，一字和仲，号东坡居士，北宋眉州眉山（今四川眉山）人。北宋著名诗人、词人、书画家，"唐宋八大家"

之一。其诗题材广阔，清新豪健，善用夸张比喻，独具风格，与黄庭坚并称“苏黄”。词开豪放一派，与辛弃疾并称“苏辛”。

译文

朝廷官员刘庭式出身农家。邻居家老翁很贫穷，有一女儿，与庭式约为婚姻。后久别多年，庭式读书考中进士科，回到故乡寻访邻家老人，而老人已去世，其女儿也因病而双目失明，家境极为困苦艰难。庭式托人到邻家重申以前的婚约，而女子的家人以女子有疾病为由推辞，仍旧依靠帮佣耕种为生，不敢与士大夫家通婚。庭式坚持不退婚，他说：“先前与老人有约定，怎么能因为老人去世、女儿有疾病就违背婚约呢？”最终还是与她成了婚。婚后夫妻关系极为和睦，其妻子要人搀扶着才能行走，共生了好几个孩子。庭式曾因犯小过错而当小有贬谪，监司本欲罢其官，但因为赞赏他美好的德行，就宽恕了他。这之后，庭式管理江州太平宫，而后妻子去世了，他哭得极为哀伤。苏子瞻欣赏他的义行，就写文章赞扬他。

卷十　人事二

184.李余庆临死去恶

题解

本条以突出事例描述了李余庆“强于政事，果于去恶”的行事作风。其除奸去恶的行为读来令人顿感酣畅淋漓，然而细思之，是否正义的结果也需要程序的正当性呢？中国古代社会重人治、轻法治的管理弊病由此可见一斑。

国子博士李余庆知常州[①]，强于政事，果于去恶，凶人恶吏，畏之如神。末年，得疾甚困[②]。有州医博士，多过恶[③]，常惧为余庆所发，因其困，进利药以毒之[④]，服之洞泄不已，势已危。余庆察其奸，使人扶舁坐厅事[⑤]，召医博士，杖杀之，然后归卧，未及席而死，葬于横山。人至今畏之，过墓者皆下马。有病疟者[⑥]，取墓土著床席间，辄差[⑦]。其敬惮之如此。

注释

①国子博士：最高学府国子监中的学官名。李余庆：

字昌宗，连江（今福建连江）人。官至国子博士，知常州时，年四十四而卒。

②困：陷在艰难痛苦或无法摆脱的环境中，这里指病情危重。

③过恶：错误，罪恶。

④利药：泻药。利，通“痢”。

⑤舁 yú：抬。

⑥疟：通“虐”，危重，险恶。

⑦差 chài：通“瘥”，病愈。

译文

国子博士李余庆任常州知州时，处理政事刚强有力，铲除邪恶决断果敢，那些凶狠之徒和作恶的吏人像敬畏神灵一样地害怕他。李余庆晚年，得了一种病，病情十分危重。常州有一位医官，犯有不少错误和罪行，常常害怕被李余庆发现，于是趁他病情凶险时，送上泻药以毒害他。李余庆服药后，腹泻不停，生命危在旦夕。李余庆已觉察出这是医官下的毒手，便叫人将自己抬至公堂里坐下，召来医官，命人乱棍打死。然后回去躺下，没等躺倒在床席上就死了，死后葬在横山。人们直到现在还敬畏他，经过其墓的人都要下马。有病情危重的病人，取一点墓土放在床席中间，病就好了。对他的敬畏害怕已到了这种地步。

187.范希文不教手滑

题解

本条讲述了范仲淹告诫同僚须劝皇上要依法行事，切勿“教手滑”。在我国古代的人治社会，这样的告诫显得尤为重要。因为对于几无约束的皇帝来说，一旦法外“手滑”，今日被杀的是不当死的近侍，来日可能就是执政的大臣及普天之下的任何人。

庆历中[①]，有近侍犯法[②]，罪不至死，执政以其情重[③]，请杀之。范希文独无言[④]，退而谓同列曰[⑤]：“诸公劝人主法外杀近臣[⑥]，一时虽快意，不宜教手滑[⑦]。”诸公默然。

注释

① 庆历：宋仁宗赵祯的年号（1041—1048）。

② 近侍：帝王身边的侍从之人。

③ 执政：宋、金某些高级官员的通称。情重：情节严重。

④ 范希文：即范仲淹（989—1052）。字希文，祖籍邠州（今属陕西），移居吴县（今江苏苏州）。北宋著名政治家、军事家、文学家。官至兵部尚书，封楚国公、魏国公。卒谥文正，后世称范文正公。著有《范文正公集》二十九卷。范仲淹一生致力于政治改革，同时主张诗文革新，是北宋诗文革新运动的先行者之一。

⑤ 同列：同在朝班，这里指同僚。

⑥ 人主：人君，君主。法外：法律之外，这里指不依法行事。

⑦ 手滑：谓行事不加节制或不能自止，这里指随意行事。

译文

庆历年间，有皇帝身边的侍从犯法，其罪不至于判死刑，执政大臣因为其情节严重，请求杀了他。唯独范希文沉默不语，退朝后他对同僚说："诸公劝皇上在法律之外杀近臣，虽然一时痛快，但不宜教皇上任意行事。"诸公都默然无语。

卷十一　官政一

“官政”即“国家政事”之义。《梦溪笔谈》“官政”两卷，共35条，内容涉及国家政事的方方面面，包括茶法、盐法、钱法、赋税制度、物价平衡、京师供米之数、漕运、陆运、治水、赈灾、边境守备、行政区划变动、法令、司法案例、吏禄、驿站制度、馆职职责等内容。沈括曾参与王安石新政，“朝廷新政规划，巨细括莫不预”，他一生担任职务颇多，对于国家多种政事都有参与。其于《梦溪笔谈·官政》一门中的记载，多有其身体力行的实践基础，具有很强的历史真实性，因此具有重要的史料价值。

189.陈恕改茶法

题解

本条消除了人们的一个错误认识，揭示了陈恕为三司使时财政收入增长的真正原因：并非是陈恕“改茶法”带来的成绩，而是“值北虏讲解，商人顿复，岁课遂增”。这从一个侧面反映了战争对生产及贸易的巨大破坏作用。

世称陈恕为三司使①，改茶法②，岁计几增十倍。予为三司使时③，考其籍，盖自景德中北戎入寇之后④，河北籴便之法荡尽⑤，此后茶利十丧其九。恕在任，值北虏讲解⑥，商人顿复，岁课遂增。虽云十倍之多，考之尚未盈旧额。至今称道，盖不虞之誉也。

注释

① 陈恕（约945—1004）：字仲言，北宋江西石城人。曾任河北东路营田制置使，再升为盐铁使。陈恕整顿赋税，疏通货财，使国家财政收入显著增长。太宗十分器重，亲自在殿柱上题写“真盐铁陈恕”五个大字，以示褒奖。三司使：北宋前期最高财政长官。后唐长兴元年（930），始设三司（盐铁、户部、度支）使，总管国家财政。宋初沿旧制，三司总理财政，成为仅次于中书、枢密院的重要机构，号称“计省”。三司的长官三司使被称为“计相”，地位略低于参知政事。

② 茶法：为了增加国家财政收入，政府制定了一系列的法律法令，对茶叶实行征税和榷禁专卖制度，总称茶法。

③ 予为三司使时：沈括在熙宁九年（1076）至熙宁十年（1077）曾权三司使。

④ 北戎入寇：指辽军于景德元年大举南下，后围攻澶州。

⑤ 河北：路名，即河北路，北宋所设十五路行政区

划之一。籴 dí 便：即便籴，北宋政府购买粮草等战略物资的重要方式之一。所谓“便籴”就是政府向商人购买粮草后，先付给钞引，商人再持钞引到京师或指定的其他地区兑换钱币或者茶、盐、香药等榷禁物资。

⑥讲解：和解，议和。

译文

世人称颂陈恕任三司使时，改进茶法，每年税收几乎增加了十倍。我任三司使时，曾经考察相关簿籍，大略从景德年间辽军大举南侵之后，河北路实行的籴便法就完全不存在了，这以后茶叶的税利十丧其九。陈恕在任时，恰逢与辽军议和，商人又立刻恢复了活动，每年征收的赋税随之增加。虽然说增长了十倍之多，但核查下来，总额还是没有超过原先的数额。直到现在还为世人称道，这真是意想不到的赞誉啊。

191.赫连城

题解

在古代冷兵器时期，城防的设计与建造一直是军事工程技术方面的一个重要课题。沈括曾对城防问题进行过认真研究，并著有《修城法式条约》一书。本条总结了异域赫连城的建筑防御优点，指出了当时北宋城防建筑的不足和缺陷。这对提高城邑的防御能力、拒止外敌入侵具有重要意义。

延州故丰林县城[①]，赫连勃勃所筑[②]，至今谓之“赫连城”。紧密如石，斸之皆火出[③]。其城不甚厚，但马面极长且密[④]。予亲使人步之，马面皆长四丈，相去六七丈。以其马面密，则城不须太厚，人力亦难攻也。余曾亲见攻城，若马面长，则可反射城下攻者，兼密则矢石相及，敌人至城下，则四面矢石临之。须使敌人不能到城下,乃为良法。今边城虽厚，而马面极短且疏，若敌人可到城下，则城虽厚，终为危道[⑤]。其间更多刓其角[⑥]，谓之“团敌”[⑦]，此尤无益。全藉倚楼角以发矢石，以覆护城脚，但使敌人见备处多[⑧]，则自不可存立。赫连之城，深可为法也。

注释

① 延州：州名，治所在今陕西延安。丰林：县名，故址在今陕西延安东南。

② 赫连勃勃（381—425）：字屈孑，匈奴铁弗部人。原名刘勃勃，十六国时期胡夏国（又称赫连夏）建立者。为政残暴嗜杀，狂妄自慢，关中人民受害极深。407 年，自立为天王、大单于，建国号夏，定都统万城（今陕西靖边北）。413 年，改姓赫连。418 年，攻取长安，在灞上（今陕西蓝田县）称帝。425 年，死于帝位。

③ 斸 zhú：砍。

④ 马面：古时沿城墙所建的一系列在平面上凸出于墙面外的墩台，其作用为加固城体，便于观察和夹击攻城敌兵。宋人陈规《守城录》之二《守城机要》篇中载："马面，旧制六十步立一座，跳出城外，不减二丈，阔狭随地不定，两边直覰城脚，其上皆有楼子，所用木植甚多。"

⑤ 危道：危险的事。

⑥ 刓 wán 其角：削去楼角，这里指将马面建成圆形。刓，削。

⑦ 团敌：又称"敌团"，圆形马面。

⑧ 见备处多：需要进行防备的地方很多。此句意指使攻城敌人多处受到攻击，以至于无法在城墙下立住阵脚。

译文

延州旧丰林县城，是赫连勃勃时建筑的，至今还叫它"赫连城"。它结实紧密得像石头，砍上去会迸出火花。其城墙并不是很厚，但马面很长而且密集。我曾亲自派人丈量过，马面都长达四丈，相互间隔有六七丈。因为马面密集，所以城墙不必建得太厚，人力也难以攻破。我曾亲眼见过攻城，如果马面长，就可以用弓箭反射城下的攻城者，同时由于马面密集，则箭矢、炮石的射程都能互相连接起来，敌人若攻至城下，就四面都有矢石降临到他们头上。必须使敌人到不了城下，才是守城的良法。如今边塞城池的城墙虽厚，而马面却很短而且稀疏，如果敌人可以攻到城下，那么即使城墙很厚，终究也还是危险的事情。其间还有很多马面削去楼角，称之为“团敌”，这尤其无益。马面全凭借楼角以发射箭矢炮石，以遮蔽保护城脚，只要使敌人需要防备的地方多，那么他们自然无法立足。赫连勃勃的这座城，是非常值得效法的。

196.刑曹驳狱

题解

本条记述了两件案子，均为州司错判，而又由刑曹据法驳回，进行纠正。从中可见刑曹依法办事的认真态度和司法补救的重要性。不过古时法律与现今法制有很大不同，如无一定的中国法制史背景，今人理解刑曹的改判恐怕仍有费解之处。宋朝《户令》规定：“在法：父母已亡，儿女分产，女合得男之半。”即未婚的女儿可以得到男子一半的继承份额，已出嫁的女儿则没有继承权。如果只有女儿即户绝之家，未婚的在室女可以得到遗产的四分之一，出嫁女可以得到三分之一，即未婚女儿所得遗产只有出嫁女儿的四分之三。由此法规可见古代妇女的地位之低及相关法律的有失公允之处。

近岁邢、寿两郡[①]，各断一狱[②]，用法皆误，为刑曹所驳[③]。寿州有人杀妻之父母昆弟数口，州司以不道缘坐妻子[④]。刑曹驳曰："殴妻之父母，即是义绝[⑤]，况其谋杀，不当复坐其妻。"邢州有盗杀一家，其夫妇即时死，唯一子明日乃死[⑥]。其家财产户绝[⑦]，法给出嫁亲女[⑧]。刑曹驳曰："其家父母死时，其子尚生，财产乃子物。出嫁亲女，乃出嫁姊妹，不合有分。"此二事略同，一失于生者，一失于死者。

注释

①邢：邢州，治所在今河北邢台。寿：寿州，治所在今安徽寿县。

②狱：官司，案件。

③刑曹：刑部分管刑事的官署或属官。

④州司：指州里主管刑法的官署。缘坐：受牵连而获罪，相当于"连坐"。

⑤义绝：情义已断绝。文中指因为那个人杀了妻子的父母兄弟，实际上也就与妻子断绝了情义，这是刑曹据以改判案件的理由之一。

⑥明日：第二天。

⑦户绝：没有儿子。

⑧法：这里用作动词，指依照法律判决。

译文

近年来，邢州、寿州两地各判决了一件官司，应用法律都有错误，被刑曹驳回。寿州有人杀了妻子的父母、兄弟几个人，州里主管刑法的官署以大逆不道为由连坐该人妻子。刑曹驳回说："殴打妻子的父母，就是已经与妻子断绝了情义，何况该人是谋杀，不应该再连坐他的妻子。”邢州有强盗杀了一家人，那户人家的夫妇俩当时就死了，只有一个儿子第二天才死。他们家因为没有儿子了，官署便依法将财产判给已经出嫁的亲生女儿。刑曹驳回说：“这户人家父母死时，他们的儿子还活着，财产就是儿子的。父母出嫁的亲生女儿是事主出嫁的姐妹，不应该得到这份财产。”这两件案子大致相同，一件对活着的人有失公正，一件对死去的人有失公正。

204.范文正浙西救灾

题解

本条记述了范仲淹应对灾荒的经验和措施。他并非单纯地发放救济粮，而是借鉴古代圣王的经验，因势利导，做到既“恤饥”，不让灾民失业挨饿；又“因之以成就民利”，完善基础设施和公益事业建设。从而一举双得，取得了“杭州晏然，民不流徙”的良好效果。

皇祐二年①，吴中大饥②，殍殣枕路③。是时范文正领浙西④，发粟及募民存饷⑤，为术甚备。吴人喜竞渡，好为佛事。希文乃纵民竞渡，太守日出宴于湖上，自春至夏，居民空巷出游。又召诸佛寺主首谕之曰：“饥岁工价至贱，可以大兴土木之役。”

于是诸寺工作鼎兴。又新敖仓吏舍[6]，日役千夫。监司奏劾杭州不恤荒政[7]，嬉游不节，及公私兴造，伤耗民力。文正乃自条叙所以宴游及兴造，皆欲以发有余之财以惠贫者。贸易、饮食、工技、服力之人，仰食于公私者，日无虑数万人。荒政之施，莫此为大。是岁，两浙唯杭州晏然[8]，民不流徙，皆公之惠也。岁饥，发司农之粟，募民兴利，近岁遂著为令。既已恤饥，因之以成就民利，此先王之美泽也。

注释

①皇祐：宋仁宗赵祯的年号（1049—1054）。

②吴中：泛指吴地，即春秋时吴国所辖之地域，包括今之江苏、上海大部和安徽、浙江、江西的一部分。

③殍殣 piǎojìn：饿死的人。

④范文正：即范仲淹。因谥号为“文正”，故称范文正。领浙西：指范仲淹于皇祐元年（1049）被调往杭州做知州。

⑤募民存饷：招募灾民服役，以使服役者有饭吃。饷，食物。

⑥新：作动词用，重新建造。敖：通“廒”，粮仓。

⑦监司：有监察州县之权的地方长官的简称。宋代转运使、转运副使、转运判官与提点刑狱、提举常平皆有监察辖区官吏之责，统称监司。劾：揭发罪状。荒政：赈济饥荒的政令或措施。

⑧两浙：路名，即两浙路。大致包括今天的浙江省

全境，江苏省南部的苏、锡、常、镇四市和上海市、福建省闽东等地区。晏然：安宁，安定。

译文

皇祐二年，吴地发生大饥荒，饿死的人枕藉道路。这时范文正为杭州知州，发放粮食并招募灾民服役以救灾，采取的措施非常周备。吴人爱好竞赛划船，又好做佛事。希文于是放开禁忌让民众举行划船比赛，他每天都到湖上宴飨集会，自春至夏，居民也都空巷出游。又召集各佛寺的住持，告诉他们说："灾荒之年，工役的价钱非常低，可以趁此大兴土木。"于是各寺院土木工程大兴。他又重新返修粮仓和官舍，每天役使上千人。监司上奏告发杭州不救济灾荒，嬉戏游乐毫无节制，以及公家私人都大兴土木、伤害损耗民力等事。文正于是自上条陈，陈述所以要宴会游乐及兴造工程等，都是为了发掘汇集社会上的余财以赈济贫民。从事贸易、饮食、手工技艺及其他以出卖劳力为生的、仰食于公家及私人的人们，每天不下数万人。救济灾荒的措施，没有比这更重要的。这一年，两浙地区只有杭州秩序安定，民众没有逃荒迁徙的，这都是范公的恩惠。灾荒之年，发放国家官府的粮食，招募灾民兴修公益工程，近年已著录成为条令制度。既能救济饥荒，又因此而成就利民事业，这真是古圣王深厚的恩泽啊。

209. 红光验尸

题解

本条所记载的验尸方法有科学根据。新红油伞的作用就是从日光中滤取红色波段光，犹如现在的滤光器。皮下伤痕（淤血处）一般呈青紫色，但在日光下不容易看清楚，红光能提高它与周围部分的反衬度，就能看出来了。有人根据沈括的记载做了一些实验，证实该方法确实有效。南宋宋慈《洗冤集录》也曾记载类似方法。这是一条我国关于滤光应用的早期记载，现代电影、照相和光学仪器上普遍使用各种颜色的滤光器，以获得预期的感光和取光效果。

太常博士李处厚知庐州慎县[①]，尝有殴人死者，处厚往验伤，以糟胾灰汤之类薄之[②]，都无伤迹。有一老父求见曰："邑之老书吏也[③]，知验伤不见其迹。此易辨也，以新赤油伞日中覆之，以水沃其尸[④]，其迹必见。"处厚如其言，伤迹宛然。自此江、淮之间官司往往用此法[⑤]。

注释

① 太常博士：太常寺卿（掌管宗庙礼仪）的属官，负责研究古今礼仪制度。庐州：州名，治所在今安徽合肥。慎县：今安徽肥东梁园。

② 胾 zì：大肉块。薄：涂抹。

③书吏：古代官署中起草和管理文书的吏员。
④沃 wò：浇。
⑤官司：官署，官府。

译文

太常博士李处厚任庐州慎县知县时，曾有人斗殴致死。李处厚前去验看伤势，用糟肉灰汤一类的东西涂抹在尸体上，没有发现一点受伤痕迹。有一位老人前来求见说：“我是县里的老书吏，听说你们验伤发现不了伤痕，这其实是很容易验的。正午时，用新红油伞罩在尸体上，再用水浇尸体，伤痕一定会显现出来。”李处厚便照他的话做了，伤痕果然很清楚地显示出来。自此以后，江、淮一带的官府常常用该方法验尸察迹。

211.盐钞法

题解

本条记载了范祥始为盐钞法及推行此法带来的好处，并兼带介绍了国家为稳定盐价而采取的措施。盐钞法既可以节约运输费用，“得钱以实塞下”；又可以“省数十郡般运之劳”，防止劳民伤财。由此可见，政府在治理国家时应与时俱进，对弊病予以及时根除并进行管理创新，如此方有可能取得利国利民之效。

陕西颗盐[①]，旧法官自般运[②]，置务拘卖[③]。兵部员外郎范祥始为钞法[④]，令商人就边郡入钱四贯八百售一钞，至解池请盐二百斤[⑤]，任其私卖，得钱以实塞下[⑥]，省数十郡般运之劳。异日輂车牛驴以盐役死者[⑦]，岁以万计，冒禁抵罪者，不可胜数，至此悉免。行之既久，盐价时有低昂[⑧]，又于京师置都盐院[⑨]，陕西转运司自遣官主之[⑩]。京师食盐，斤不足三十五钱，则敛而不发，以长盐价；过四十，则大发库盐，以压商利，使盐价有常。而钞法有定数，行之数十年，至今以为利也。

注释

①颗盐：一种未经炼制的粗盐，俗称粒盐，与末盐、散盐相对。

②般：通“搬”。

③务：宋代管理贸易及税收的机构，有时亦指政府专卖机构。拘卖：专卖。

④员外郎：原指设于正额以外的郎官。隋朝于尚书省二十四司各置员外郎一人，为各司之次官，后代沿之。范祥（？—1060）：字晋公，邠州三水（今陕西旬邑）人。庆历八年（1048），以提点陕西路刑狱兼制置解盐首次推行盐钞法，嘉祐中曾总领盐事。钞：指当时的盐钞，宋代发给商人支领和运销食盐的凭证。

⑤解池：即解州盐池。以产盐著名，在今山西运城东南。

⑥以实塞下：以充实边塞的府库。

⑦异日：从前，过去。

⑧昂：高。

⑨都盐院：专掌以解州池盐供应京师及京东诸州并出卖的盐务机关。

⑩转运司：官署名，宋代掌管一路或数路财赋、钱粮等事宜的机关。

译文

陕西的颗盐，过去的办法是官府自行组织搬运，设置专门的机构进行专卖。兵部员外郎范祥始创钞法，规定商人到边境州郡缴纳四贯八百文钱，即售予一张盐钞，凭此钞可到解州盐池换取食盐二百斤，任由其私自贩卖，得到的钞钱用来充实边塞的府库，同时省去了数十个州县搬运食盐的劳役。过去拉车的牛、驴，每年因为盐运劳役而死的达上万头，触犯禁令贩卖私盐而获罪的人也不可胜数，到现在这一切都可避免了。钞法实行很长时间之后，盐价时有高低，于是又在京师设置都盐院，由陕西转运司自行派遣官员主管。京师的食盐，如果每斤卖不到三十五文，就敛藏入库而不出售，以使盐价上涨；如果超过了四十文，就大批发售库存的食盐，以抑制商人牟取暴利，使盐价保持稳定。而盐钞的发放是有定额的，推行数十年，至今还认为很有好处。

卷十二 官政二

214.张杲卿断案

题解

本条描述了一个福尔摩斯探案式的故事。张杲卿聪明机智，具有敏锐的洞察力，故能发现犯罪妇人的破绽从而破案。而该妇人犯罪之后的内心张皇之态也跃然纸上。这直接证明了那句人人耳熟能详的话语：“要想人不知，除非己莫为。”

张杲卿丞相知润州日[①]，有妇人夫出外数日不归，忽有人报菜园井中有死人，妇人惊往视之，号哭曰：“吾夫也。”遂以闻官。公令属官集邻里就井验是其夫与非，众皆以井深不可辨，请出尸验之。公曰：“众皆不能辨，妇人独何以知其为夫？”收付所司鞫问[②]，果奸人杀其夫，妇人与闻其谋[③]。

注释

①张杲 gǎo 卿（992—1077）：即张升。字杲卿，陕西韩城人。北宋政治家、词人。于大中祥符八年（1015）中进士，历任御史中丞、参知政事兼枢密

使等职，后以太子太师荣衔退休，卒谥康节。润州：古州名，今江苏镇江。

②所司：有司，指主管部门。鞫jū问：审问。鞫，通“鞠”，审讯犯人。

③与闻：参与其事并且知道内情。

译文

张杲卿丞相在润州担任知州时，有个妇女的丈夫外出多日没有回家。突然有人告知一处菜园的井里有死人，这个妇女很吃惊地赶往菜园子去看，连喊带叫地大哭着说：“这是我的丈夫啊！”于是报告了官府。张公就让他的下属官员将该妇人的邻里召集到井边，辨认井里的死人是不是这个妇女的丈夫，大家都认为井深看不清而无法辨认，请求打捞出尸体再查验。张公说：“大家都不能辨认，为什么唯独这个妇人知道井里的死人是她丈夫呢？”于是就将其交付主管部门进行审讯，发现果然是该妇人的奸夫杀了她的丈夫，她也参与其事并且知道内情。

220.宋朝茶法

题解

本条详述了北宋自宋太祖到宋仁宗期间约一百年的茶法实施情况。在我国历史上，茶叶与盐、铁等作为关系人们日常生活的重要物资，从春秋时期到明、清的许多朝代，大都对茶叶等实行过专卖制度。其中，宋代关于茶叶专卖制度的规定最为系统而细致。茶叶实行专卖以后，售价高昂，所得利税成为国家财政收入的重要来源，国家会根据财政的需要与社会经济发展的现状，以及被统治阶级的反应，对茶叶专卖制度不断进行调整。但无论如何变动，国家对茶叶垄断经营的本质并没有实质性改变。在封建社会少有监督机制和权力制约机制的情况下，“权力导致腐败，绝对权力导致绝对腐败”是必然的。

本朝茶法[①]，乾德二年[②]，始诏在京、建州、汉、蕲口各置榷货务[③]；五年，始禁私卖茶，从不应为情理重[④]。太平兴国二年[⑤]，删定禁法条贯，始立等科罪。淳化二年[⑥]，令商贾就园户买茶，公于官场贴射，始行贴射法[⑦]。淳化四年，初行交引[⑧]，罢贴射法。西北入粟给交引，自通利军始[⑨]。是岁罢诸处榷货务，寻复依旧。至咸平元年[⑩]，茶利钱以一百三十九万二千一百一十九贯三百一十九为额。至嘉祐三年[⑪]，凡六十一年用此额，官本杂费皆在内，中间时有增亏，岁入不常。咸平五年，三司使王嗣宗始立三分法[⑫]，以十分茶价，四分给香药，三分犀象，三分茶引；六年，又改支六分香药、犀象，四分茶引。景德二年[⑬]，许人入中钱、帛、金银[⑭]，谓之“三说”。至祥符九年[⑮]，茶引益轻，用知秦州曹玮议[⑯]，就永兴、凤翔以官钱收买客引[⑰]，以捄引价[⑱]，前此累增加饶钱[19]。至天禧二年[20]，镇戎军纳大麦一斗[21]，本价通加饶，共支钱一贯二百五十四。乾兴元年[22]，改三分法，支茶引三分、东南见钱二分半、香药四分半。天圣元年[23]，复行贴射法。行之三年，茶利尽归大商，官场但得黄晚恶茶[24]，乃诏孙奭重议[25]，罢贴射法。明年，推治元议省吏[26]，勾覆官、勾献等皆决配沙门岛[27]；元详定枢密副使张邓公、参知政事吕许公、鲁肃简各罚俸一月[28]；御史中丞刘筠、入内内侍省副都知周文质、西上阁门使薛昭廓、三部副使各罚铜二十斤[29]；前三司使李谘落枢密直学士[30]，依旧知洪州。皇祐三年[31]，算茶依旧只用见钱[32]。至嘉祐四年二月五日[33]，降敕罢茶禁。

注释

①本朝：指北宋。

②乾德二年：964年。乾德，宋太祖赵匡胤的年号(963—968)。

③建州：州名，治所在今福建建瓯。汉：汉口，今属湖北武汉市。蕲口：今湖北蕲春蕲州镇。榷货务：官府货物专卖的机构。

④从不应为情理重：法律用语，指不遵守禁私贩茶法令者，按犯罪情节严重的条款从重处罚。

⑤太平兴国二年：977年。太平兴国，宋太宗赵光义的年号(976—984)。

⑥淳化二年：991年。淳化，宋太宗赵光义的年号(990—994)。

⑦贴射法：宋代所实行的一种有关茶叶买卖的税收制度。商人直接向园户买茶，茶官居中估价，以估定价与园户的实际售出价之间的差额入官。茶亦须先经官验定，园户不得私售。

⑧交引：宋代采办军粮使用的代价证券，商人凭交引再赴京城或产地领取钱、茶、盐、香、矾等专卖物资抵偿。因支取钱货方式不同，交引又区分为见钱交引、茶交引、盐交引、香药交引、矾交引等。

⑨通利军：行政区划名，北宋端拱元年（988年）置，治黎阳（今河南浚县东北）。属河北路，辖境约相当于今浚县地。

⑩咸平元年：998年。咸平，宋真宗赵恒的年号（998—1003）。

⑪嘉祐三年：1058年。嘉祐，宋仁宗赵祯的年号（1056—1063）。

⑫王嗣宗（944—1021）：字希阮，汾州（今山西汾阳）人。历官三司使、御史中丞。

⑬景德二年：1005年。景德，宋真宗赵恒的年号（1004—1007）。

⑭入中：商人入纳粮草于规定的沿边地点，给予钞引，使至京师或他处领取现钱或金银、盐、茶、香药等，称作"入中"。

⑮祥符九年：1016年。祥符：即大中祥符，宋真宗赵恒的年号（1008—1016）。

⑯曹玮（973—1030）：字宝臣，灵寿（今属河北）人。北宋将领，官至御史大夫、签书枢密院事等。

⑰永兴：行政区划名，即永兴军。治京兆府（今陕西西安），辖今陕甘各一部，豫西一小部。凤翔：即凤翔府。熙宁五年（1072）置秦凤路，治所在秦州（今甘肃天水），辖地含今甘肃、青海东部、宁夏南部及秦岭以北地区。

⑱捄 jiù：同“救”。

⑲加饶钱：即加耗钱，以各种损耗为名多收的费用。

⑳天禧二年：1018 年。天禧，宋真宗赵恒的年号（1017—1021）。

㉑镇戎军：行政区划名，宋至道三年（997）置。治所在今固原，辖境相当于今宁夏固原一带。

㉒乾兴元年：1022 年。乾兴，宋真宗赵恒的年号（1022）。

㉓天圣元年：1023 年。天圣，宋仁宗赵祯的年号（1023—1032）。

㉔黄晚恶茶：发黄及晚于季节采摘的质量低的茶叶。行贴射法，则商人但买好茶，政府因坏茶无法出售而亏损茶利。

㉕孙奭 shì（962—1033）：字宗古，博州博平（今山东茌平博平镇）人，后徙居须城（今山东东平）。北宋学者、教育家，官至兵部侍郎。

㉖元：通“原”。

㉗勾覆官、勾献：皆为三司的官吏。沙门岛：海岛名。在山东省蓬莱市西北海中，为宋元时流放罪犯之地。

㉘张邓公：即张士逊（964—1049）。字顺之，光化军（今湖北老河口）人，官至宰相，封邓国公。

吕许公：即吕夷简（979—1044）。字坦夫，开封人，官至宰相，封许国公。鲁肃简：即鲁宗道（966—1029）。字贯之，亳州谯（今安徽亳州）人，官至参知政事，卒谥肃简。

㉙刘筠（971—1031）：字子仪，大名（今属河北）人，官至翰林学士。周文质：生平不详。薛昭廓：生平不详。

㉚李谘（？—1036）：字仲询，新喻（今江西新余）人，官至户部侍郎、三司使。

㉛皇祐三年：1051年。皇祐，宋仁宗赵祯的年号（1049—1054）。

㉜算茶：宋代实行茶叶专卖制度，对茶户征税，用茶叶折算，称为"算茶"。

㉝嘉祐四年：1059年。嘉祐，宋仁宗赵祯的年号（1056—1063）。

译文

本朝的茶法，乾德二年开始下诏在京师、建州、汉口、蕲口各设置榷货务；乾德五年，开始禁止私自贸易茶叶，不服从禁令的，按犯罪情节严重的条款进行处罚。太平兴国二年，删订禁止私自贸易茶叶的法令条例，开始定出犯罪的等级以处罚犯禁者。淳化二年，下令商人到种茶的园户买茶，官府官卖茶场收取榷茶利息，开始推行贴射法。淳化四年，首次实行交引措施，停止贴射法。商人向西北边境输纳粮食即给以交引，这一措施自通利军开始实行。这一年撤去各地的榷货务，不久又恢复如旧。至咸平元年，茶税钱以一百三十九万二千一百一十九贯三百一十九文为定额。直至嘉祐三年，共六十一年行用这一定额，官府的本钱及各种杂费都计算在内，中间有的年份增收，有的年份亏损，年收入不固定。咸平五年，三司使王嗣宗开始创立三分法，以茶价为十分计算，四分支付香药，三分支付犀牛角和象牙，三分支付茶引；六年，又改为六分支付香药、犀牛角和象牙，四分支付茶引。景德二年，允许商人以钱、帛、金银入中，当时称为“三说”。至祥符九年，茶引越来越不值钱，朝廷采纳秦州知州曹玮的建议，在永兴军、凤翔府用官府的钱收购商人手中的茶引，以挽救茶引的价格。在此之前还屡次增加耗钱，到天禧二年，镇戎军缴纳大麦一斗，本价一律加耗钱，总共支出一贯二百五十四文钱。乾兴元年，改变三分法，支付茶引三分、东南现钱二分半、香药四分半。天圣元年，再次实行贴射法。实行三年之后，茶叶贸易的利润尽归于大商人，官卖茶场只得到发黄晚采的劣质茶叶，于是下诏令孙奭重新审议，停止贴射法。第二年，审查追究先前建议复行贴射法的三司官吏，勾覆官、勾献等都被判决发配至沙门岛；原详定官枢密副使张邓公、参知政事吕许公、鲁肃简各自被罚扣一个月的俸禄；御史中丞刘筠、入内内侍省副都知周文质、西上阁门使薛昭廓以及盐铁、度支、户部三部副使，各自被罚铜钱二十斤；前三司使李谘免去枢密直学士之职，仍依旧任为洪州知州。皇祐三年，茶税依旧只用现钱缴纳。至嘉祐四年二月五日，发布敕令解除茶禁。

卷十三 权 智

“权智”这一概念，针对不同主体会有不同含义。若主体为政治人物，则“权智”有“权变智略”之义，和“权谋”类似。三国时曹植所著《辅臣论》有云：“文武并亮，权智时发，奢不过制，俭不损礼。”即此意也。若为佛教主体，则“权智”与“实智”相对，指观照万法差别以普度众生的善巧、方便之智。《梦溪笔谈》“权智”一门共21条，所述人物并不涉及佛教。由于作者著书时“圣谟国政，及事近宫省，皆不敢私纪”，因此本门也不述及政治人物的权谋事宜。所记各条以军事内容居多，“权智”为“谋略，计略”之义，条目内容多为描述军事指挥之战术和谋略。对于主体为日常生活中身边熟悉的人物，所涉内容则多为一些机智、机巧之事。这些故事读来有趣，却又令人深思。

224.雨 盘

题解

本条记载了陵州盐井的构造以及人们为驱除盐井有毒气体而采取的措施。盐井井深，并产生很多有毒气体，这给安全生产带来巨大困难。人们从雨水顺井而下能消除“阴气”这种方法获得启发，自制“雨盘”，模仿下雨，从而消除了有毒气体，解决了这个棘手问题。在现代化工业生产过程中，使液体与气体对流，将无用或有害气体吸收，而将有用气体带进去，是一种常用的工艺方法。我国古代劳动人民利用“雨盘”化解“阴气”，虽然并不清楚其中的科学机理，却也体现了人们的聪明才智，是类似工艺方法的最早记载和应用。

陵州盐井①，深五百余尺，皆石也。上下甚宽广，独中间稍狭，谓之“杖鼓腰”②。旧自井底用柏木为干③，上出井口，自木干垂绠而下④，方能至水。井侧设大车绞之⑤。岁久，井干摧败，屡欲新之，而井中阴气袭人⑥，入者辄死，无缘措手。惟候有雨入井，则阴气随雨而下⑦，稍可施工，雨晴复止。后有人以一木盘，满中贮水，盘底为小窍，酾水一如雨点⑧，设于井上，谓之“雨盘”，令水下终日不绝。如此数月，井干为之一新，而陵井之利复旧。

注释

①陵州：州名，治所在今四川仁寿，宋神宗熙宁五年废并。史载四川盛产井盐，陵州的井盐产量最高。盐井：为汲取含盐质的地下水用以制盐而挖的井。

②杖鼓：古代的一种打击乐器。以木为框，细腰，两头蒙皮，缚以五彩绣带。“杖鼓腰”形容盐井两端阔大、中间狭窄。

③ 干：井干，指井中用木料制作的支架。

④ 绠 gěng：系桶汲水用的绳子。

⑤ 大车：绞盘，用来提水。

⑥ 阴气：指井中的有毒气体。一般认为盐井有可能产生硫化氢、二氧化碳等气体，因为这些气体的比重较空气重，因此沉积于井下，人下到井里后容易因缺氧而窒息身亡。

⑦ 阴气随雨而下：毒气随着雨水淋入而消解。因为水可以吸收或溶解部分有害气体，再加上雨水也可以把部分新鲜空气带到井里，所以井里的有毒气体会因为下雨而有所减少。

⑧ 釃 shī：滤酒，斟酒，文中为“洒水”之义。

译文

陵州有一口盐井，深五百多尺，都是石头。其上部和下部很宽敞，唯独中间稍微狭窄，称之为“杖鼓腰”。以前从井底立柏木为井干，上面出于井口，自木干垂井绳而下，才能到达水面，井旁设一大绞车将井水绞上来。年岁长了，井干朽坏，屡次想换新的，而井中阴气袭人，下井的人总会丧命，没有办法着手。只能等到有雨的时候下井，这时阴气随雨水下落，稍稍可以施工，雨过天晴则又停止。后来有人用一个大木盘盛满水，盘底钻有很多小孔，用它洒水就如同雨点落下，置于井口上，称作“雨盘”，使“雨盘”洒水终日不停。像这样工作了几个月，井干全部换上了新的，而从陵井获得的利益又像从前一样。

227.狄青为将

题解

两军争战，在战场形势纷纭复杂、千变万化的情况下，指挥者的胆识、谋略、指挥艺术以及对战局的把握等，往往对战争的成败起着决定性作用。本条讲述的两则狄青领兵制胜的故事，正是凸显指挥者相关素质重要性的典型战例。狄青一方分别通过改变军队的旗色和佯装退却，使敌人误判而产生轻敌之心，获得了战场的先机，并最终取得以弱胜强、以少胜多的良好效果。

宝元中①，党项犯塞②，时新募万胜军，未习战阵③，遇寇多北④。狄青为将⑤，一日，尽取万胜旗付虎冀军，使之出战。虏望其旗，易之⑥，全军径趋，为虎翼所破，殆无遗类。又青在泾原⑦，尝以寡当众，度必以奇胜。预戒军中，尽舍弓弩，皆执短兵器。令军中闻钲一声则止⑧，再声则严阵而阳却⑨，钲声止则大呼而突之，士卒皆如其教。才遇敌，未接战，遽声钲⑩，士卒皆止;再声，皆却。虏人大笑，相谓曰:“孰谓狄天使勇?”时虏人谓青为“天使”。钲声止，忽前突之⑪，虏兵大乱，相蹂践死者，不可胜计也。

注释

① 宝元：宋仁宗赵祯的年号（1038—1040）。

② 党项：亦称“党项羌”，少数民族名。西羌的一支。南北朝时，分布在今青海、甘肃、四川边缘地带，从事畜牧。唐时迁居今甘肃、宁夏、陕北一带。北宋时其族人李元昊称帝，建立以党项族为主的地方政权，史称“西夏”。

③ 战阵：作战的阵法。

④ 北：打败仗。

⑤ 狄青（1008—1057）：字汉臣，宋时汾州西河（今山西汾阳）人。北宋著名将领，在抗击西夏军方面屡立战功，官至枢密使。

⑥ 易之：以之为易，认为他们容易对付。

⑦ 泾原：路名，即泾原路。北宋置泾原路经略、安抚使，统辖泾州、原州、渭州、仪州、德顺军、镇戎军。

⑧ 钲 zhēng：古代的一种乐器。铜制，形似钟而狭长，有长柄可执，口向上以物击之而鸣，在行军时敲打。

⑨ 阳：通“佯”，假装。

⑩ 遽：急，突然。

⑪ 突：超出，猛冲。

译文

宝元年间，党项人进犯边塞，当时新招募的万胜军，还没有练习作战阵法，遭遇敌寇多打败仗。狄青担任将领后，一天，将万胜军的旗帜全部取来给了虎翼军，令虎翼军出战。敌人望见虎翼军的旗帜，认为他们容易战胜，全军都疾冲过来，结果被虎翼军大败，几乎全军覆没。又有一次，狄青在泾原路时，曾以少量人马遭遇大批敌兵，自思必须用奇计才能取胜。因此预先命令军中，将弓箭弩机全部舍弃，都只带短兵器。又命令军中听到一声钲响就停止前进；听到钲声再响，则在严密戒备下佯装退却，钲声停止，则大喊而上猛冲敌人。士兵都听从他的教谕。其军刚与敌人相遇，还没有接战，突然钲声敲响，士兵都停了下来；钲声再次响起，士兵都往后退。敌人大笑，相互说道："谁说狄天使勇猛？"当时敌人称狄青为"天使"。等到钲声停止，士兵忽然奋勇向前猛冲向敌人，敌兵大乱，相互践踏而死者不可胜数。

231. 王元泽辨识獐、鹿

题解

本条记述了王安石之子王元泽幼年的一件趣事。王元泽的回答虽然看上去实属废话，但能有如此机智的"废话"，也确为难能可贵，特别是对一个只有几岁的孩子来说。

王元泽数岁时[①]，客有以一獐一鹿同笼以问雱：

“何者是獐，何者为鹿？”雱实未识，良久，对曰：“獐边者是鹿，鹿边者是獐。”客大奇之。

注释

① 王元泽：即王雱 pāng。字元泽，王安石之子。

译文

王元泽几岁大的时候，有个宾客以关在同一个笼子里的一头獐子和一头鹿问王雱：“哪只是獐子，哪只是鹿？”王雱实际上不能辨识獐和鹿，过了好一会儿，回答说：“獐子旁边那只是鹿，鹿旁边那只是獐子。”宾客对王雱的回答十分惊讶。

233.雷简夫窖大石

题解

山涧中有巨石，按常规来说，应该考虑如何增加力量，将巨石搬运走。但雷简夫却能打破这个思维定式，巧妙利用地势，挖洞埋石，节省了人力，平息了水患。可见在困难形势下，必须打破常规，转化思维方式，才能解决平常所不能解决的疑难问题。

陕西因洪水下大石[1]，塞山涧中，水遂横流为害。石之大有如屋者，人力不能去，州县患之。雷简夫为县令[2]，乃使人各于石下穿一穴，度如石大[3]，挽石入穴窖之[4]，水患遂息也。

注释

①下：滑下，文中指山洪暴发使得山石崩塌冲下来。

②雷简夫（1001—1067）：字太简，同州郃阳（今陕西合阳）人。历知坊、阆、雅州。嘉祐二年（1057）为辰、澧州安抚使。入为盐铁判官，出知虢、同二州，累迁职方员外郎。

③度：估算。

④挽：拉，牵引。窖：作动词用，将巨石埋进坑里。

译文

陕西因洪水冲下巨石，堵塞到山涧中，涧水于是横流而造成祸患。巨石有大的像房子的，靠人力不能移走，州县都为此而忧虑。雷简夫为县令，就让人在巨石下各挖一个坑穴，估算出坑穴已像巨石一样大，就拉动巨石埋进坑里，水患于是平息了。

242.陈述古智辨盗贼

题解

本条讲述了陈述古巧妙利用犯罪者心理辨识出真正的盗贼的故事。类似的案件在古今社会中都经常出现，依照现在的犯罪心理学解释，大凡为非作歹者，其必心怀鬼胎而导致行为异常。这时，如果调查者心思缜密，观察敏锐，就可以利用这一点发现犯罪者的破绽，进而达到破案之目的。

陈述古密直知建州浦城县日[①]，有人失物，捕得莫知的为盗者[②]。述古乃绐之曰[③]："某庙有一钟，能辨盗至灵。"使人迎置后阁祠之，引群囚立钟前。自陈不为盗者，摸之则无声，为盗者摸之则有声。述古自率同职，祷钟甚肃，祭讫[④]，以帷围之，乃阴使人以墨涂钟，良久，引囚逐一令引手入帷摸之，出乃验其手，皆有墨。唯有一囚无墨，讯之，遂承为盗，盖恐钟有声不敢摸也。此亦古之法，出于小说[⑤]。

注释

①陈述古：即陈襄（1017—1080）。字述古，侯官（今福建福州）人。宋庆历年间进士，历官枢密院直学士，知通进银台司，提举进奏院，后又兼侍读，提举司天监，兼尚书都省事等。其人公正廉明，识人善荐，著有《古灵集》二十五卷传世。《梦溪笔谈》此处所记陈述古事迹与《宋史》卷三二一《陈襄传》有出入。《陈襄传》作"襄举进士，调浦城主簿，摄令事"，而非沈括所记"知建州浦城县"。密直：即枢密院直学士。浦城县：今福建浦城。

②的：用作副词，究竟，到底。

③ 绐 dài：同"诒"，欺骗，欺诈。

④ 讫：终了，完毕。

⑤ 小说：宋代小说为说话家数之一。说话是唐、宋时代民间艺人讲说故事的专称，相当于近世的说书。宋灌圃耐得翁《都城纪胜·瓦舍众伎》记载："说话有四家：一者小说，谓之银字儿，如烟粉、灵怪、传奇；说公案，皆是搏刀赶棒及发迹变泰之事；说铁骑儿，谓士马金鼓之事。说经，谓演说佛书。说参请，谓宾主参禅悟道等事。讲史书，讲说前代书史文传兴废争战之事。"由此可见，宋代小说与今日小说概念所含意义并不一致。

译文

枢密院直学士陈述古任建州浦城县令时，有人家中丢失东西，官府抓到了一些嫌疑人，但是不知道究竟谁是盗贼。陈述古就骗他们说："某庙里有一口钟，能够辨认盗贼，极为灵验。"他派人将那口钟抬到后室供奉起来，把那些嫌疑人带到钟前站好，告诉他们说：如果不是盗贼，摸钟则钟不会响；如果是盗贼，摸钟钟就会响。陈述古亲自带领同僚们十分肃穆地向钟祈祷，祭祀结束以后，用布幔将钟围起来，又暗地里派人用墨涂抹钟壁。过了好一会儿，带来嫌疑人，让他们逐一把手伸进帷幔里摸钟，出来以后便验看他们的手掌，发现手上都有墨，只有一个嫌疑人手上没有墨。审讯这个人，他承认自己是盗贼，因为害怕钟会发出声响，所以不敢摸。这也是古代的方法，来自于小说。

卷十四　艺文一

在我国古汉语中，“艺文”亦作“蓺文”，是一种学问、知识或文献著作的类别称呼。历代纪传体史书、政书、方志等将历代或当代有关图书典籍，汇编成目录，谓之“艺文志”，此“艺文”即为“图书目录”之义。此外，“艺文”还有“辞章、文艺”之义，可理解为“为文之艺”，凡是与读书作文、诗词歌赋、辞章修养有关系的内容都可包括在内，比现在所称“文学”的含义更宽更广，《梦溪笔谈》所谈“艺文”即为此类。宋代诗词歌赋创作兴盛，诗学研究蔚然成风。《笔谈》“艺文”一门共 3 卷 32 条，大部分条目可以归入诗学。另外有一些条目涉及音韵学、文字学、文献考证及文人逸事等内容。其中有些条目内容体现了沈括的独特见解，具有一定的思想价值。

245．“郭索”与“钩辀”

题解

本条纠正了欧阳修的一个认识错误，说明了林逋诗句“草泥行郭索，云木叫钩辀”的真正含义，并不是欧阳修所认为的“语新而属对亲切”。

欧阳文忠常爱林逋诗“草泥行郭索，云木叫钩辀”之句[①]，文忠以为语新而属对亲切[②]。钩辀，鹧鸪声也，李群玉诗云[③]：“方穿诘曲崎岖路[④]，又听钩辀格磔声[⑤]。”郭索，蟹行貌也，扬雄《太玄》曰[⑥]：“蟹之郭索，用心躁也。”

注释

①欧阳文忠：即欧阳修（1007—1072）。字永叔，号醉翁、六一居士，吉州永丰（今江西吉安永丰县）人。北宋政治家、文学家，卒谥文忠，世称欧阳文忠公，“唐宋八大家”之一。林逋 bū（967—1028）：字君复，浙江大里黄贤村（一说杭州钱塘）人。通晓经史百家，书载性孤高自好，喜恬淡，勿趋荣利，宋仁宗赐谥和靖先生。郭索：螃蟹爬行貌，亦指蟹爬行时的声音，有时也指螃蟹。钩辀 zhōu：鹧鸪鸣声。

②属对：指诗文对仗。亲切：贴切。

③李群玉（808—862）：字文山，唐代澧州（今湖南澧县）人，曾任校书郎。

④诘曲：屈曲，屈折。

⑤格磔 zhé：鸟鸣声。

⑥扬雄：一作“杨雄”（前53—18）。字子云，西汉蜀郡成都（今四川成都）人。西汉官吏、学者，博览群书，长于辞赋，是西汉著名的辞赋家。《太玄》：

即《太玄经》。汉代扬雄的哲学著作，模仿《周易》写成。书中运用阴阳、五行思想和当时的天文历法知识，以占卜的形式，描绘了一个世界图景。

译文

欧阳文忠公曾特别喜欢林逋的“草泥行郭索，云木叫钩辀”两句诗，他认为这两句用语新颖且对仗贴切。“钩辀”是形容鹧鸪鸟的鸣叫声，李群玉有诗说：“方穿诘曲崎岖路，又听钩辀格磔声。”“郭索”是形容螃蟹爬行的样子，扬雄的《太玄经》说：“蟹之郭索，用心躁也。”

249.旬锻月炼

题解

本条以崔护创作《题都城南庄》诗为例，说明了唐人创作诗歌，无不“埏蹂极工”“旬锻月炼”，以期达到精美工致。唐人这种对艺术认真追求的态度，值得后人学习。

唐人以诗主人物[①]，故虽小诗，莫不埏蹂极工而后已[②]，所谓“旬锻月炼”者，信非虚言。小说崔护题城南诗[③]，其始曰：“去年今日此门中，人面桃花相映红。人面不知何处去，桃花依旧笑春风。”

后以其意未全，语未工，改第三句曰“人面只今何处在”④。至今所传此两本，唯《本事诗》作“只今何处在”。唐人工诗,大率多如此。虽有两“今”字，不恤也⑤，取语意为主耳。后人以其有两“今”字，只多行前篇。

注释

① 以诗主人物：《事实类苑》卷四十所引，“诗”字后有“学”字。以诗歌来评价作者。

② 埏 shān 蹂：反复捶击、踩踏制作陶器的黏土，引申指反复修改、锤炼诗文。

③ 崔护：字殷功，博陵（今河北定州）人。唐代诗人，796 年进士及第，829 年为京兆尹，同年为御史大夫、岭南节度使，终岭南节度使。其诗诗风精练婉丽，语极清新。题城南诗：指崔护的《题都城南庄》诗。

④ 只今何处在：今《本事诗》作“只今何处去”。

⑤ 不恤也：据诗律，一首绝句中一般避免出现相同的字。此处说崔护为了表达诗意，往往不惜犯此忌讳。恤，顾忌，忧虑。

译文

唐人以诗歌评价作者，所以即使是小诗，也无不反复锤炼，直到极为工致才肯罢休，所谓“旬锻月炼”，确实不是虚言。有关崔护《题都城南庄》诗的小说记载，其诗最初是：“去年今日此门中，人面桃花相映红。

人面不知何处去，桃花依旧笑春风。”后来因为诗意表达不完整，用语也还未工致，改第三句为“人面只今何处在”。至今流传的有这两种文本，只有《本事诗》作“只今何处在”。唐人作诗追求精工细致，大多都是这样。虽有两个“今”字，作者也不顾忌，只取语意的完善为主。后人因为这个文本有两个“今”字，多只采用前一文本。

254.王圣美嘲讽达官

题解

本条所记官场趣闻在同时期其他文人著作里也有相似记载。达官貌似通晓《孟子》，与人论及便夸夸其谈，王圣美就故意以《孟子》表面的直白文意引出其似乎内藏的矛盾，逗问得达官哑口无言，“愕然无对”。其读书浮于表面而不求甚解的颟顸形象顿时跃然纸上。

王圣美为县令时①，尚未知名，谒一达官②，值其方与客谈《孟子》，殊不顾圣美③。圣美窃哂其所论④。久之，忽顾圣美曰：“尝读《孟子》否？”圣美对曰：“生平爱之，但都不晓其义。”主人问：“不晓何义？”圣美曰：“从头不晓。”主人曰：“如何从头不晓？试言之。”圣美曰：“‘孟子见梁惠王’，已不晓此语。”达官深讶之⑤，曰：“此有何奥义？”圣美曰："既云孟子不见诸侯[⑥]，因何见梁惠王？"其人愕然无对[⑦]。

注释

① 王圣美：即王子韶。字圣美，太原人。中进士第，曾参与王安石变法。

② 谒：拜见。

③ 殊：很，极。

④ 哂 shěn：微笑，讥笑。

⑤ 讶之：以之为讶，对此感到十分惊讶。

⑥ 孟子不见诸侯：这实际上是王圣美故意曲解《孟子·滕文公下》里的有关内容来嘲讽那位大官。孟子有关不见诸侯的言论，其原意并非如此。

⑦ 愕然：惊讶的样子。

译文

王圣美还是个县令的时候，没有什么名气，他去拜见一位大官，恰逢大官正在跟客人谈论《孟子》，根本不顾及来访的王圣美。圣美暗笑宾主双方所谈论的东西。过了很长时间，那位大官突然回头对圣美说："你读过《孟子》吗？"圣美回答说："平生就喜欢《孟子》，但是一点儿都不懂它的意思。"作为主人的大官问道："不懂哪些意思呀？"圣美说："从开头起就不懂。"大官说："怎么从开头起就不懂呢？试着说说看。"王圣美说："'孟子见梁惠王'，就已经不懂这句话的意思了。"大官对他的说法感到很吃惊，说："这一句有什么深奥难懂的意思呢？”王圣美说：“既然说孟子不见诸侯，为什么去见梁惠王呢？”那位大官十分讶异，无言以对。

257.宋初古文

题解

宋朝学者陈善在《扪虱新话》卷五中记载，沈括当时与穆、张二人一起，其描述文辞为：“适见有奔马践死一犬。”陈善认为沈括之语“则又混成矣”。近代鲁迅、陈望道等人也曾撰文谈及此事，认为还是沈括的写法最为简洁明了。《唐宋八大家丛话》记载，欧阳修也曾描述同样的故事为：“逸马杀犬于道。”可见，同一件事可有多种描述方式，而要做到词句工巧、言简意赅却并不容易。

往岁士人多尚对偶为文，穆修、张景辈始为平文[①]，当时谓之“古文”。穆、张尝同造朝[②]，待旦于东华门外。方论文次[③]，适见有奔马践死一犬，二人各记其事，以较工拙。穆修曰：“马逸，有黄犬遇蹄而毙。”张景曰：“有犬死奔马之下。”时文体新变，二人之语皆拙涩[④]，当时已谓之工，传之至今。

注释

①穆修（979—1032）：字伯长，汶阳（今山东汶

上）人。大中祥符二年（1009）登进士第，为泰州司理参军，一说海州。提倡散文，对后来古文运动的代表人物欧阳修等都有影响。张景（970—1018）：字晦之，江陵府公安县（今湖北公安）人。北宋著名学者，青少年时代与宋初古文运动先驱者柳开交游，官至大理评事。平文：犹散文，字词用语不讲究对仗的文章。

② 造朝：进谒，朝觐。

③ 文次：古文章法。

④ 拙涩：迟钝晦涩。

译文

往年士人大多崇尚用对偶句式写文章，穆修、张景等人开始提倡散文，当时称之为“古文”。穆、张二人曾一同参加朝觐，在东华门外等待天亮。正讨论古文章法，恰好看到有一匹奔马踏死了一条狗，二人于是各自记述这件事，以比较行文的工拙。穆修为：“马逸，有黄犬遇蹄而毙。”张景为：“有犬死奔马之下。”当时文体刚开始发生新变化，二人之语都迟钝晦涩，而当时已经称得上工致了，一直流传至今。

260.王安石集句诗

题解

王安石“集合前人之句”而成的集句诗，语意对偶自然贴切，其和谐程度甚至超过原诗。这其实也是一种创新，非博学多才、锐意改革者不能为之。其内含的革新精神在王安石变法运动中也有体现。

古人诗有“风定花犹落”之句[①]，以谓无人能对，王荆公以对“鸟鸣山更幽”[②]。“鸟鸣山更幽”本宋王籍诗[③]，元对“蝉噪林逾静，鸟鸣山更幽”[④]，上下句只是一意。“风定花犹落，鸟鸣山更幽”，则上句乃静中有动，下句动中有静。荆公始为集句诗[⑤]，多者至百韵，皆集合前人之句，语意对偶，往往亲切过于本诗[⑥]。后人稍稍有效而为者。

注释

①风定花犹落：出自南朝梁谢贞的《春日闲居》五言诗，是该诗仅存的残句。谢贞，字元正，自幼聪颖。《春日闲居》为其八岁时所作。

②王荆公：王安石。

③宋：南北朝时期的南朝刘宋王朝。王籍：字文海，琅邪临沂（今山东临沂）人。南朝梁诗人，以博学多才出名，以《入若耶溪》享誉诗坛。沈括误认为其为南朝宋人。

④元对：即原对，原来的对句。蝉噪林逾静，鸟鸣山更幽：出自王籍的《入若耶溪》五言诗。

⑤集句：指辑前人诗句以成篇什。

⑥亲切：贴切。

译文

古人诗有“风定花犹落”之句，认为无人能对出下句。王荆公对之以“鸟鸣山更幽”。“鸟鸣山更幽”本为刘宋王籍的诗句，原诗句对为“蝉噪林逾静，鸟鸣山更幽”，上下句都是一个意思。“风定花犹落，鸟鸣山更幽”，则上句是静中有动，下句是动中有静。从荆公开始作集句诗，多的时候达到上百韵，都是集合前人的诗句而成，语意对偶，往往比原诗更为贴切自然。后人渐渐有仿效而作这种集句诗的。

卷十五 艺文二

266.同甲会

题解

本条记述了一则文坛佳话，反映了文彦博、程珦等士大夫高年退休后的清逸和愉悦生活。

文潞公归洛日[①]，年七十八，同时有中散大夫程珦、朝议大夫司马旦、司封郎中致仕席汝言[②]，皆年七十八。尝为“同甲会”[③]，各赋一首。潞公诗曰：“四人三百十二岁，况是同生丙午年。招得梁园为赋客[④]，合成商岭采芝仙[⑤]。清谭亹亹风盈席[⑥]，素发飘飘雪满肩。此会从来诚未有，洛中应作画图传。”

注释

① 文潞公：即文彦博（1006—1097）。字宽夫，号伊叟，汾州介休（今属山西）人。北宋时期政治家、书法家。

② 中散大夫：简称中散。唐、宋为文散官，正五品上，为文官第十阶。宋元丰改制后，以换光禄卿至少府监各官，后定为第十四阶。程珦（1006—

1090)：字伯温，洛阳（今属河南）人。理学家程颢、程颐之父。历知州，因反对王安石变法，称病致仕。朝议大夫：文散官名。隋文帝始置，炀帝时罢，唐为正五品下，文官第十一阶。宋元丰改制用以代太常卿、少卿及左、右司郎中，后定为第十五阶。司马旦（1006—1087）：字伯康，夏县（今属山西）人。司马光之兄，以大中大夫致仕。司封郎中：官名，掌官封、叙赠、承袭之事，是吏部的第四司长官。致仕：辞去官职。席汝言：字君从，洛阳（今属河南）人。北宋著名文学家，元丰年间官至尚书司封郎中。退休后，与文彦博、富弼等人组织“耆英会”，后来又与文彦博、司马旦等人组织“同甲会”，还与司马光兄弟、王安之、王不疑等人组织了“真率会”。

③ 同甲会：同年龄的人结成的盟会。

④ 梁园：即梁苑。西汉梁孝王所建（在今河南开封东南）的东苑，为招延一时名士游赏之所。

⑤ 商岭：即商山（在今陕西商洛市境内）。采芝仙：这里采用汉初“商山四皓”的典故。秦末汉初（公元前 200 年左右）的东园公唐秉、甪 lù 里先生周术、绮里季吴实和夏黄公崔广四位著名学者，他们不愿意当官，长期隐藏在商山，出山时都八十有余，眉皓发白，故被称为“商山四皓”。后人又用“商山四皓”来泛指有名望的隐士。

⑥ 清谭：即“清谈”。亹 wěi 亹：指诗文或谈话动人，有吸引力，使人不知疲倦。

译文

文潞公回到洛阳的时候，已经七十八岁了，同时有中散大夫程珦、朝议大夫司马旦、致仕司封郎中席汝言，都是七十八岁。四人曾结成“同甲会”，各赋诗一首。潞公诗为：“四人三百十二岁，况是同生丙午年。招得梁园为赋客，合成商岭采芝仙。清谭亹亹风盈席，素发飘飘雪满肩。此会从来诚未有，洛中应作画图传。”

268.鹳雀楼诗

题解

本条记述了三首以鹳雀楼为主题的著名诗篇。自古及今，唯有那些真正富含哲理、打动人心的佳作方能得到古今传唱而千古流传。

河中府鹳雀楼三层[①]，前瞻中条[②]，下瞰大河，唐人留诗者甚多，唯李益、王之奂、畅诸三篇能状其景[③]。李益诗曰：“鹳雀楼西百尺墙，汀洲云树共茫茫。汉家箫鼓随流水，魏国山河半夕阳[④]。事去千年犹恨速，愁来一日即知长。风烟并在思归处，远目非春亦自伤。”王之奂诗曰：“白日依山尽，黄河入海流。欲穷千里目，更上一层楼。”畅诸诗曰：

“迥临飞鸟上，高出世尘间。天势围平野，河流入断山。”

注释

① 河中府：今山西永济蒲州镇。鹳雀楼：又名鹳鹊楼，古时因时有鹳雀栖其上而得名，位于山西省永济市蒲州古城西面的黄河东岸。该楼始建于北周（557—580），废毁于元初。由于楼体壮观，结构奇巧，加之周围风景秀丽，唐宋之际文人学士登楼赏景留下许多不朽诗篇。

② 中条：即中条山。位于中国山西省西南部，居太行山及华山之间，山势狭长，故名中条。主峰雪花山，位于山西省永济市东南。

③ 李益（748—829）：字君虞，姑臧（今甘肃武威）人，唐宪宗时官至礼部尚书。王之奂：应为王之涣（688—742）。字季陵，祖籍晋阳（今山西太原），其高祖迁至绛州（今山西新绛县）。历文安县尉，是盛唐时期的著名诗人。畅诸：唐代汝州人，历许昌尉。其《登鹳鹊楼》盛传于时，然久误为畅当所作。

④ 魏国：春秋战国时期的魏国。

译文

河中府的鹳雀楼共有三层，前望中条山，下瞰黄河，唐人在此留下诗作的很多，而只有李益、王之涣、畅诸的三首诗最能描绘出鹳雀楼的景观。李益诗为：“鹳雀楼西百尺墙，汀洲云树共茫茫。汉家箫鼓随流水，魏国山河半夕阳。事去千年犹恨速，愁来一日即知长。风烟并在思归处，远目非春亦自伤。”王之涣的诗说：“白日依山尽，黄河入海流。欲穷千里目，更上一层楼。”畅诸诗为：“迥临飞鸟上，高出世尘间。天势围平野，河流入断山。”

270.枣与棘

题解

本条从汉字的构造即古之“六书”的研究范围出发，指出了枣与棘的差别，说明了汉字的构成与其应用有紧密的联系，具有一定的学术意义。

枣与棘相类①，皆有刺。枣独生②，高而少横枝；棘列生③，卑而成林④，以此为别。其文皆从“朿”⑤，音刺，木芒刺也。朿而相戴立生者⑥，枣也；朿而相比横生者⑦，棘也。不识二物者，观文可辨。

注释

① 枣：枣树为落叶乔木，高可达 10 米，结子可食用。“枣”字繁体字为“棗”，所以有下文之说。棘：本义为丛生的小枣树，即酸枣树。落叶灌木，有刺，常野生成丛莽状，果实较枣小，味酸。后来

棘也泛指矮小、有刺、丛莽状的灌木。

②独生：由一主木而生。

③列生：成列排而生，即丛生。

④卑：低矮。

⑤朿 cì：木芒，同“刺”。

⑥戴：加在头上，文中指枣树的枝干一层层地往上纵向生长。

⑦比：挨着，靠近。

译文

枣树与酸枣树相似，都有刺。枣树是单株，由一主木而生，树干高且横生的树枝少；酸枣树是多株丛生的，树干低矮且长成一片，这就是二者的区别。“枣”和“棘”的字形都从“朿”，读作“刺”，意思是“树木所长的芒刺”。有刺而一层层地往上纵向生长的，是枣树；有刺而相互紧挨着横向生长的，就是酸枣树。不认识这两种植物的人，看看它们的字形就可以辨别了。

卷十六　艺文三

274.“乌鬼”考

题解

作者通过考证并结合自己的亲身实践，证实“乌鬼”并非指的是夷人，而是鸬鹚。将野生鸬鹚加以驯化，用来帮助人们捕鱼，以我国为最早，秦汉时代成书的《尔雅》和东汉杨孚的《异物志》里都有相关记载。杜甫的诗句和本条的记载，使人们对于鸬鹚的了解更加确切和详尽。

士人刘克博观异书[①]。杜甫诗有“家家养乌鬼，顿顿食黄鱼”[②]。世之说者，皆谓夔、峡间至今有鬼户[③]，乃夷人也[④]，其主谓之“鬼主”[⑤]，然不闻有“乌鬼”之说。又鬼户者，夷人所称，又非人家所养。克乃按《夔州图经》[⑥]，称峡中人谓鸬鹚为“乌鬼”[⑦]。蜀人临水居者，皆养鸬鹚，绳系其颈，使之捕鱼，得鱼则倒提出之，至今如此。予在蜀中[⑧]，见人家养鸬鹚使捕鱼，信然，但不知谓之“乌鬼”耳。

注释

① 士人：古代文人知识分子的通称。刘克：生平不详。

② 家家养乌鬼，顿顿食黄鱼：出自杜甫《戏作俳谐体遣闷二首》。乌鬼，一般认为是鸬鹚的别名。黄鱼，鱼类的一种，文中当泛指鸬鹚所捕的一般小鱼。

③ 夔 kuí：即夔州路，治所在夔州（今四川奉节）。峡：即峡州，治所在夷陵（今湖北宜昌）。鬼户：唐宋时对西南地区乌蛮、两爨少数民族人们的蔑称。

④ 夷人：古代对异族的贬称，多用于中原地区以东的民族。春秋以后，多用于对中原地区以外民族的贬称。

⑤ 鬼主：唐、宋两代汉文史籍对分布于今云南东部、贵州西部、四川南部乌蛮及两爨首领的称号。他们利用“鬼巫”进行统治，辖区大小不等，有都鬼主、大鬼主、小鬼主的区别。各鬼主间没有固定的隶属关系。

⑥《夔州图经》：即《夔州路图经》，为通志类书籍，今已散佚。

⑦ 鸬鹚：也叫鱼鹰、水老鸦。鸟纲，鸬鹚科，羽毛主要为黑色并带有紫色金属光泽，经过驯化后可以用来捕鱼。

⑧ 予在蜀中：指宋康定元年（1040）以前，沈括随父在蜀中居住。沈括的父亲沈周当时知简州平泉县（今四川成都西南）。

译文

读书人刘克博览奇书。杜甫的诗里有“家家养乌鬼，顿顿食黄鱼”的诗句，世上解释这首诗的一些人，都认为夔州、峡州一带直到现在还有鬼户，就是夷人，他们的头领叫作“鬼主”，但是没有听到过有“乌鬼”的说法。况且鬼户这个说法，是夷人的称呼，并不是人们家里所养的东西。刘克于是查考了《夔州图经》，认为峡州一带的人将鸬鹚称为“乌鬼”。蜀地临水而居的人家，都养鸬鹚，用绳子扎住它的脖颈，让它去捕鱼，捉到鱼以后就倒提它将鱼倒出来，直到现在还是这样。我当年住在蜀中的时候，看到过人家养鸬鹚用来捕鱼，确实如此，不过不知道它还被称为“乌鬼”罢了。

卷十七　书　画

“书画”是书法和绘画的统称，也称“字画”。我国的书法和绘画艺术具有悠久的民族和历史传统，在长期的形成和发展过程中，形成了独具特色的艺术品位和鉴赏理论。唐宋时期是我国封建政治、经济和文化都得到巨大发展的时代，士人、士大夫阶层队伍庞大，创作活跃，文化艺术十分繁荣，这为沈括撰写该门内容提供了极好的素材。当然，他的记载并不仅仅局限于唐宋，有些条目也溯及过往。《梦溪笔谈》“书画”一门共 21 条，涉及书画方面的诸多内容，包括书画艺术理论、技巧、鉴赏、书画家轶事等。保存了重要的书画史料，提供了一些新见解，其中有些常为后人所引用，产生了重要而积极的影响。

277.“耳鉴”与“揣骨听声”

题解

本条讽刺了那些自谓“专家”，实则为不懂装懂、一无是处的跟风之徒。

藏书画者，多取空名，偶传为钟、王、顾、陆之笔[①]，见者争售[②]，此所谓“耳鉴”。又有观画而以手摸之，相传以谓色不隐指者为佳画[③]，此又在“耳鉴”之下，谓之“揣骨听声”[④]。

注释

①钟、王、顾、陆：指魏晋南北朝时期著名书法家钟繇、王羲之和画家顾恺之、陆探微。

②争售：指争相购买。

③隐指：也称“隐手”。指物体表面看似平整，或看不清的物体本以为该是平整的，用手去摸却有高低不平的感觉。对画作而言，意指画面上的着色看上去似乎颜料堆积、高低不平，而抚摸它却没有凸起的感觉。

④揣骨听声：原指旧时相法的一种。不相其面，而摸其骨骼，听其语声，以判贵贱。后用以比喻牵强附会，妄加评判。

译文

收藏书画作品的人，往往只注重书画家的名声，偶然传闻某幅作品为钟繇、王羲之、顾恺之、陆探微的手笔，见到者就争相购买，这就是所谓的“耳鉴”。又有观画而用手去触摸的，相传以为画作的颜料摸上去没有高低不平的感觉，该绘画就是佳作，这又在“耳鉴”之下，被称为“揣骨听声”。

278.善求古人心意

题解

本条记述了吴育的观察细微和识见明晰，同时也赞扬了画家用笔逼真、描摹细致入微的绘画艺术。

欧阳公尝得一古画牡丹丛[①]，其下有一猫，未知其精粗。丞相正肃吴公与欧公姻家[②]，一见曰："此正午牡丹也。何以明之？其花披哆而色燥[③]，此日中时花也；猫眼黑睛如线，此正午猫眼也。有带露花，则房敛而色泽[④]。猫眼早暮则睛圆[⑤]，日渐中狭长，正午则如一线耳。"此亦善求古人心意也。

注释

①欧阳公：即欧阳修。

②正肃吴公：即吴育（1004—1058）。字春卿，建州浦城（今属福建）人。官至参知政事，卒谥正肃。

③披哆 chǐ：指花朵完全开放、花瓣散开。披，展开，散开。哆，张开口的样子。

④房敛：花冠收紧。房，花房，花冠。

⑤睛：眼珠，这里指瞳孔。

译文

欧阳修曾经得到一幅牡丹丛古画，牡丹丛下方画有一只猫，欧阳修不知道这幅画的好坏优劣。丞相吴育跟欧阳修是亲家，一见到这幅画就说："这画的是正午时的牡丹。凭什么知道的呢？画上的牡丹花花朵完全开放、花瓣散开，而且花的色泽干燥，这是正午时的花；猫眼睛里黑瞳仁像条线，这是正午时的猫眼。假如是早上带露的花，那就应该花冠收紧、色泽鲜亮。猫眼在早上和傍晚时瞳仁是圆的，越接近中午就越狭长，到正午时分就细得像一条线一样了。"这真是善于研究、揣摩古人作画的笔意。

280.书画之妙

题解

沈括在本条阐述了自己的绘画鉴赏理论。他认为，要欣赏画作的妙处，须"当以神会，难可以形器求也"，唯有如此，方能体会到画作蕴含的深刻意境和哲理。不拘泥于物体外表的肖似，而多强调抒发作者的主观情趣，讲求"以形写神"，这其实也是我国古代绘画创作的一个悠久传统，具有独特的民族特色和艺术品位。沈括的记载准确地反映了上述特点，体现了其精深的绘画鉴赏造诣。

书画之妙，当以神会，难可以形器求也。世之观画者，多能指摘其间形象、位置、彩色瑕疵而已，至于奥理冥造者[①]，罕见其人。如彦远《画评》言[②]："王维画物[③]，多不问四时，如画花，往往以桃、杏、芙蓉、莲花同画一景。"予家所藏摩诘画《袁安卧雪图》，有雪中芭蕉，此乃得心应手，意到便成，故造理入神，迥得天意。此难可与俗人论也。谢赫云[④]："卫协之画[⑤]，虽不该备形妙，而有气韵，凌跨群雄，旷代绝笔。"又欧文忠《盘车图》诗云[⑥]："古画画意不画形，梅诗咏物无隐情。忘形得意知者寡，不若见诗如见画。"此真为识画也。

注释

① 冥造：潜心思索。

② 彦远：即张彦远（815—907）。字爱宾，蒲州猗氏（今山西临猗）人。开元间宰相张嘉贞后人。唐后期画家、绘画理论家。家藏法书名画甚丰，精于鉴赏，擅长书画，无作品传世。著《历代名画记》《法书要录》《彩笺诗集》等。

③ 王维（701—761）：字摩诘，河东蒲州（今山西永济）人。官至尚书右丞，盛唐著名诗人、画家。受禅宗影响很大，精通佛学，精通诗、书、画、音乐等，与孟浩然合称"王孟"。

④ 谢赫（479—502）：南朝齐、梁间画家、绘画理论家。善作风俗画、人物画。著有《古画品录》，为我国最古的绘画论著，评价了3世纪至4世纪的

重要画家，提出中国绘画上的“六法”，成为后世画家、批评家、鉴赏家们所遵循的原则。

⑤卫协：晋初画家，擅绘道释人物故事，时有“画圣”之名。东晋顾恺之深受其影响。

⑥欧文忠：即欧阳修。因其谥“文忠”，故有此称。此处所引诗作，为和梅尧臣而作，大意是说：古人绘画注重意境，不注重形似，梅尧臣的诗则强调写实，咏物直露而不含蓄；对于绘画上的“忘形得意”，了解的人少。作诗不如以意境为主，使人读一首诗如欣赏一幅画。梅尧臣（1002—1060），字圣俞，世称宛陵先生，宣州宣城（今属安徽）人。北宋著名现实主义诗人，官至尚书都官员外郎。

译文

书画作品的奥妙之处，应当心领神会，很难从具体的外形方面来寻求。世上欣赏绘画作品的人，大多能对画作中的形象、位置及色彩运用等方面的瑕疵提出意见，至于其蕴含的深奥义理及意境，能潜心思索并得以领会的则罕见其人。如张彦远的《画评》说道：“王维画景物，多不问四时节令，如画花，往往将不同季节开花的桃、杏、芙蓉、莲花等画丁同 幅景物图上。”我家收藏的摩诘所画的《袁安卧雪图》，有雪中芭蕉，这是得自于心，形成于手，心意到处便可成画，故能够达理入神，深得自然本意。这是难以与世俗一般人理论的。谢赫说：“卫协的画，虽然不能完全精妙逼真地绘出事物的外在形象，但有生动的神气和韵味，远远超越了许多名家，是空前绝后的妙作。”欧阳文忠公的《盘车图》诗又说：“古画画意不画形，梅诗咏物无隐情。忘形得意知者寡，不若见诗如见画。”这是真正懂得绘画的。

284.画佛光之谬

题解

本条指出了平常画工画佛光的一个错误，他们缺乏基本的佛教常识，将佛光画得跟平常辉光一样轻易摇摆，而实际上佛光是固定不变的。这说明了画家绘画也需要一定的文化修养和积淀，否则就容易犯常识性错误，为方家所笑。

画工画佛身光①，有匾圆如扇者②，身侧则光亦侧，此大谬也。渠但见雕木佛耳③，不知此光常圆也④。又有画行佛⑤，光尾向后，谓之“顺风光”，此亦谬也。佛光乃定果之光⑥。虽劫风不可动⑦，岂常风能摇哉⑧？

注释

① 佛身光：佛教认为佛的法力广大，觉悟众生时犹如太阳破除昏暗，故有佛光之称。为佛造像或画佛像时，要以佛身为中心画出一圈辉光。

② 匾：通“扁”。

③ 渠：古汉语中可用作第三人称代词，指他、他们。雕木佛：用木头雕成的佛像。

④ 常圆：一直是圆的。常，永久的，固定的。

⑤ 行佛：运动行走的佛。

⑥ 定果：修成正果。

⑦ 劫风：佛教语。佛教认为劫包括成、住、坏、空四个时期，叫作四劫。坏劫之末有水、风、火三劫灾，劫风即劫灾中的风灾。

⑧ 常风：普通的风。

译文

画工画佛身的辉光，有时画作扁圆状像扇形的，如果佛身侧转，那佛光也跟着侧转，这就大错特错了。他们大概只见到过木雕的佛像而已，不知道这种圆形的佛光是固定不变的。还有人画行走的佛，将佛光的尾部画得拖向后方，称为“顺风光”，这也是错误的。佛光是修成定果之光。即使是遇到劫风也不会动摇，哪里是寻常之风所能摇动的呢?

291.晋、宋人墨迹

题解

本条指出了民间所收藏的两晋和刘宋之人的书法作品大多为吊丧问疾类书信的原因，说明了政治因素对艺术作品的流传所造成的巨大影响。

晋、宋人墨迹[①]，多是吊丧问疾书简。唐正观中[②]，购求前世墨迹甚严，非吊丧问疾书迹，皆入内府[③]。士大夫家所存，皆当日朝廷所不取者，所以流传至今。

注释

① 宋：指南北朝时期的南朝刘宋王朝。

② 正观：即“贞观”。为唐太宗李世民年号（627—649）。宋代避宋仁宗赵祯讳，改“贞”为“正”。

③ 内府：皇室的仓库。

译文

现存的两晋及南朝刘宋时的书法真迹，大多是吊丧和问候病人的书信之类。唐代贞观年间，关于购买寻求前世书法真迹的规定非常严格，如果不是吊丧和问候病人的书信之类，统统收入皇室的仓库。如今士大夫家所留存的，都是当时朝廷所不收取的作品，所以能够流传到现在。

297.董源及巨然画笔

题解

我国历史悠久，文脉绵延不绝。在长期的形成和发展过程中，绘画的内容和技法也呈现出多种多样、异彩纷呈的态势。既有工笔人物，也有泼墨山水。这就决定了不同风格、流派的画作需要以不同的鉴赏方式去欣赏。如董源、巨然等所创作的粗笔写意山水画，就需要远观，跳出局部去看画面的整体，才能看出画面各局部间的关系，收到“杳然深远”的整体效果，体会到绘画艺术的奇妙之处，从而得出全面的结论。

江南中主时[①]，有北苑使董源善画[②]，尤工秋岚远景[③]，多写江南真山，不为奇峭之笔。其后建业僧巨然祖述源法[④]，皆臻妙理。大体源及巨然画笔，皆宜远观，其用笔甚草草，近视之几不类物象，远观则景物粲然[⑤]，幽情远思，如睹异境[⑥]。如源画《落照图》，近视无功，远观村落杳然深远[⑦]，悉是晚景，远峰之顶宛有反照之色。此妙处也。

注释

①江南中主：即五代十国时期南唐第二位皇帝李璟（916—961）。943年即位，后因受到后周威胁，削去帝号，改称国主，史称南唐中主。

②北苑使：管理帝王园林北苑的官员。董源（？—约962）：一作董元，字叔达，江西钟陵（今江西进贤）人。五代南唐画家，南派山水画开山鼻祖，事南唐主李璟时任北苑副使，故又称“董北苑”。擅画山水，兼工人物、禽兽。

③ 秋岚：秋日山林的烟霭雾气。

④ 建业：今江苏南京。巨然：僧人，钟陵（今江西进贤）人，一说江宁（今江苏南京）人。五代宋初画家，早年在江宁开元寺出家，南唐降宋后，随后主李煜来到开封，居开宝寺。擅山水，继承董源水墨山水画风而有所发展，世称“董巨”。祖述：效法、遵循前人的学说或行为。

⑤ 粲 càn 然：形容鲜明发光，清楚明白。

⑥ 异境：奇妙的胜境。

⑦ 杳 yǎo 然：幽深，幽寂，邈远。

译文

江南中主在位时，有北苑使董源擅长绘画，尤其善于描绘秋日山林烟霭雾气的远景，他多描绘江南的真山真水，而不用奇特峻峭的笔法。后来建业僧人巨然承继董源的画法，都达到神妙的境界。大体上董源及巨然的画作，都适宜远观，他们用笔甚为潦草，近看几乎不像任何物体形象，远看则景物粲然明了，富含幽远的情思，使人如亲眼目睹奇妙的胜境。如董源所画的《落照图》，近视看不出什么效果，远观则村落邈然而深邃悠远，完全一派傍晚景观，远方山峰之顶宛然有夕阳返照的亮色。这正是巨然画作的神奇美妙之处。

卷十八　技　艺

“技艺”亦作“技蓺”，指的是富于技巧的技术、工艺、技能等。宋代不仅人文艺术繁荣，科学技术也相当兴盛发达，中国古代四大发明之中有三个诞生于宋朝，即指南针、火药和活字印刷术。《梦溪笔谈》“技艺”一门就保存了这样一些极其重要的中国古代科学史料，例如毕昇的活字印刷技术、沈括本人的隙积术（有间隙垛体体积的计算方法）和会圆术（由已知圆的直径和圆弧的高求圆弧弧长的方法），以及喻皓《木经》的建筑技术等等。除此之外，还有一些条目涉及科学人物事迹，具体的技术工艺如弓的原理和技术，以及古代弹棋、“格五”棋、四人围棋、西戎羊卜等内容。《梦溪笔谈》的这些记载为后人了解宋代的科学、文化和社会提供了珍贵的历史资料。

299.喻皓《木经》

题解

根据资料记载，喻皓是一位出身卑微的建筑工匠，在北宋初年当过都料匠（掌管设计、施工的木工），长期从事建筑实践。他勤于思索，并善于向别人学习，在晚年写成了《木经》三卷，惜今已亡佚。《木经》的问世不仅促进了当时建筑技术的交流和提高，而且对后世建筑技术的发展产生了很大影响。有人考证，宋朝李诫在 1100 年所著的《营造法式》一书，就是参考《木经》写成的。沈括的本条记载，介绍了《木经》的主要内容，为后人研究我国古代的建筑艺术提供了珍贵的历史资料。

营舍之法，谓之《木经》，或云喻皓所撰[①]。凡屋有“三分”[②]：自梁以上为“上分”，地以上为“中分”，阶为“下分”。凡梁长几何，则配极几何[③]，以为榱等[④]。如梁长八尺，配极三尺五寸，则厅堂法也，此谓之“上分”。楹若干尺[⑤]，则配堂基若干尺，以为榱等。若楹一丈一尺，则阶基四尺五寸之类，以至承栱、榱桷[⑥]，皆有定法，谓之“中分”。阶级有“峻”“平”“慢”三等。宫中则以御辇为法：凡自下而登，前竿垂尽臂，后竿展尽臂，为“峻道”[⑦]；荷辇十二人：前二人曰“前竿”，次二人曰“前绦”[⑧]，又次曰“前胁”；后二人曰“后胁”，又后曰“后绦”，末后曰“后竿”。辇前队长一人曰“传唱”，后一人曰“报赛”。前竿平肘，后竿平肩，为“慢道”；前竿垂手[⑨]，后竿平肩，为“平道”。此之谓“下分”。其书三卷。近岁土木之工，益为严善[⑩]，旧《木经》多不用，未有人重为之，亦良工之一业也。

注释

①喻皓：五代末、北宋初期建筑师，浙东人。他在木结构建造技术方面积累了丰富的经验，尤其擅长建筑多层的宝塔和楼阁，曾被欧阳修称为“国朝以来木工”第一人。

②分 fèn：部分。

③极：屋顶，这里指屋顶与横梁之间的垂直高度。

④榱 cuī 等：同“衰等”，等次，等差。

⑤楹：堂屋前部支撑横梁的柱子。

⑥承栱：即“斗栱”，亦作“斗拱”。斗与拱，均为我国木结构建筑中的支承构件，在立柱和横梁交接处。从柱顶探出的弓形肘木叫拱，拱与拱之间的方形垫木叫斗。斗拱承重结构，可使屋檐较大程度外伸，形式优美，为我国传统建筑造型的一个主要特征。榱桷 cuījué：椽子。

⑦“凡自下而登”四句：抬御辇升阶，当抬辇者都在台阶上时，最前面的二人（前竿）手臂自然下垂到手能握竿的最低度（“垂尽臂”），最后面的二人（后竿）则手臂上举到手能握竿的最高度（“展尽臂”），以此来抬御辇，就能保持前后的平衡，这样的台阶比较陡，所以叫作“峻道”。下述“慢道”“平道”，坡度依次降低，文意参此。

⑧绦 tāo：用丝线编成的带子。

⑨垂手：这里指“前竿”垂手下膝，身体稍微前倾，用肩抬御辇。

⑩严善：严谨而完善。

译文

关于屋舍的建造技术，有一部专门讨论的书籍叫作《木经》，有人说为喻皓所撰。一般将屋舍建筑概括为“三分”：自梁以上为“上分”，梁以下、地面以上为“中分”，台阶为“下分”。一般是梁长多少，则梁到屋顶的垂直高度就相应地配多少，以此定出比例。如梁长八尺，梁到屋顶的高度就配三尺五寸，这是厅堂的建造标准。这叫“上分”。柱子高若干尺，则堂基就相应地配若干尺，以此定出比例。如柱子高一丈一尺，则堂前大门台阶的宽度就配四尺五寸之类，以至于斗拱、椽子等，都有固定的标准，这叫“中分”。台阶则有“峻”“平”“慢”三种。皇宫内是以御辇的出入为标准的：凡是抬御辇自下而上登台阶，前竿下垂尽手臂之长，后竿上举也举尽手臂之长，这样就能保持平衡的台阶叫“峻道”；(抬辇的共有十二人：前二人称“前竿”，其次二人称“前绦”，又其次二人称“前胁”；其后二人称“后胁”；再后二人称“后绦”，最后二人称“后竿”。御辇的前面有队长一人称“传唱”，御辇的后面有一人称“报赛”。) 前竿与肘部相平，后竿与肩部相平，这样才能保持平衡的台阶叫“慢道”；前竿垂手下膝，身体稍微前倾，后竿与肩部相平，这样就能保持平衡的台阶叫“平道”。这叫“下分”。其书共有三卷。近些年，土木建筑的技术更为严谨完善了，已多不用旧时的《木经》，然而还没有人重新编著，这也应该是优秀工匠们的一项任务。

307.活板印刷

题解

本条是中国历史上关于毕昇活字印刷术的唯一记载，是一篇极其珍贵的历史文献。毕昇所创造发明的胶泥活字，是我国印刷技术发展中的一个根本性改革，对我国和世界各国的文化交流做出了重要贡献。国外对活字印刷术的记载，通常以德国人约翰内斯·谷登堡于1445年发明金属活字印刷为首创，这比毕昇的活字印刷术晚了四百多年。需要指明的一点是，尽管毕昇发明了活字印刷术，但在很长的一段历史时期内，以至于直至清朝末期，我国书籍的印制还是以雕版印刷为主，活字印刷并没有得到广泛应用。

板印书籍①，唐人尚未盛为之，自冯瀛王始印五经②，已后典籍，皆为板本③。庆历中④，有布衣毕昇⑤，又为活板⑥。其法用胶泥刻字，薄如钱唇⑦，每字为一印，火烧令坚。先设一铁板，其上以松脂、腊和纸灰之类冒之⑧。欲印则以一铁范置铁板上⑨，乃密布字印。满铁范为一板，持就火炀之⑩，药稍镕⑪，则以一平板按其面，则字平如砥⑫。若止印三、二本，未为简易；若印数十百千本，则极为神速。常作二铁板，一板印刷，一板已自布字。此印者才毕，则第二板已具。更互用之，瞬息可就。每一字皆有数印，如“之”“也”等字，每字有二十余印，以备一板内有重复者。不用则以纸贴之[13]，每韵为一贴，木格贮之。有奇字素无备者，旋刻之，以草火烧，瞬息可成。不以木为之者，木理有疏密[14]，沾水则高下不平，兼与药相粘，不可取。不若燔土[15]，用讫再火令药镕，以手拂之，其印自落，殊不沾污。昇死，其印为余群从所得[16]，至今宝藏。

注释

① 板印：雕版印刷，即在木板上按镜像雕刻好文字、图案，再用木版进行印刷。一般认为这种方法起源于隋代。板，同“版”。

② 冯瀛王：即冯道（882—954）。五代时瀛州景城（今河北交河东北）人，历仕后唐、后晋（契丹）、后汉、后周四朝十君，拜相二十余年，死后追封为瀛王。他曾主持校定《九经》文字雕版印书，世称“五代蓝本”，为我国官府正式刻印书籍之始。

③ 板本：用雕版法印制而成的书籍，相对于抄本而言。五经等儒家经典过去只有手抄本，自冯道组织人用雕版法印制后，才有了区别于抄本的版本。板，通“版”。

④ 庆历：宋仁宗赵祯的年号（1041—1048）。

⑤ 布衣：平民。毕昇（？—1051）：生平不详，徽州（今安徽歙县）人，一说为浙江杭州人。

⑥活板：即活字板。唐代雕版印刷已经很发达，但都是用整块的木板整页雕刻。活版则不同，是用一个个字模临时拼组而成。活版的出现，标志着印刷术又经历了一次革命，是中国古代四大发明之一。

⑦钱唇：铜钱的边缘。毕昇的泥活字，是用胶泥制成块后刻出的反体凸字，“薄如钱唇”指的是反体凸字的厚度与铜钱边缘的厚度差不多。

⑧和 huò：混合。冒：覆盖。

⑨铁范：铁框。

⑩就：靠近。炀 yáng：烘，烤。

⑪药：即上文所说“松脂、腊和纸灰之类”。

⑫砥 dǐ：细磨刀石。

⑬贴：贴上标签，用标签标出。

⑭木理：木材的纹理。

⑮燔 fán：烧。

⑯群从：泛指堂兄弟及诸子侄辈。

译文

雕版印刷书籍，唐朝人还没有大规模采用。五代时的冯瀛王开始用雕版印制五经，自那以后，各种典籍和图书就都是雕版印刷了。庆历年间，有位叫毕昇的平民又创造了活字印版。他的方法是用胶泥刻字，字的厚薄如同铜钱边缘，每个字制成一个印模，用火烧烤使其变得坚硬。先设置一块铁板，上面用松脂、蜡混合纸灰一类东西覆盖住。想要印刷时，就拿一个铁框子放在铁板上，然后密密地排列好字模。排满一铁框就作为一个印板，拿着它靠近火烘烤，等松脂等物稍微熔化时，就拿一块平板按压其表面，板上的字模就平整得像细磨刀石一样了。如果只印制三两本书，这种方法不能算很简便；如果印刷几十乃至成百上千本书，就显得特别快捷了。印刷时通常制作两块铁板，一块正在印刷，另一块已经在排列字模；这一块板刚印完，另一块已经准备好了。两块板交替使用，瞬息之间就可以完成。每一个字都有好几个印模，像“之”“也”等字，每个字有二十多个印模，用来防备一块板里面字有重复。字模不用时，就用纸条做的标签贴上，每个韵部做一个标签，装在木格里储存起来。遇到平时没有准备的生僻之字，立即刻出来，用草火烧烤，很快就可以制成。不拿木头制作活字模，是因为木头的纹理有疏密，沾了水就会变得高低不平，加上容易与药物互相粘连，不能取下来。不如用胶泥烧制字模，使用完毕后，再次用火烘烤，使药物熔化，用手一抹，那些印模就会自行脱落，一点也不会被药物弄脏。毕昇死后，他的印模为我的兄弟子侄辈所得，到现在还珍藏着。

308.卫朴精于历术

题解

沈括在主持司天监工作期间，曾亲自推荐和积极支持精于历法技艺的卫朴进行改历工作，并在《梦溪笔谈》其他条目中多次记录了卫朴的事迹和活动。通过沈括的帮助及其自身的天赋和努力，平民卫朴在天文历法上取得了重要的成就。他主持编写的《奉元历》行用了十八年。

淮南人卫朴精于历术[①]，一行之流也[②]。《春秋》日蚀三十六[③]，诸历通验[④]，密者不过得二十六七，唯一行得二十九，朴乃得三十五，唯庄公十八年一蚀[⑤]，今古算皆不入蚀法，疑前史误耳。自夏仲康五年癸巳岁，至熙宁六年癸丑，凡三千二百一年，书传所载日食，凡四百七十五[⑥]，众历考验，虽各有得失，而朴所得为多。朴能不用算推古今日月蚀[⑦]，但口诵乘除，不差一算[⑧]。凡大历悉是算数[⑨]，令人就耳一读，即能暗诵；傍通历则纵横诵之[⑩]。尝令人写历书，写讫，令附耳读之，有差一算者，读至其处，则曰："此误某字。"其精如此。大乘除皆不下[⑪]，照位运筹如飞[⑫]，人眼不能逐。人有故移其一算者，朴自上至下，手循一遍，至移算处，则拨正而去。熙宁中撰《奉元历》，以无候簿[⑬]，未能尽其术，自言得六七而已，然已密于他历。

注释

①卫朴：生平不详，安徽淮南人。30多岁时病后失明，熙宁五年（1072）由沈括推荐，入司天监主持编制《奉元历》。

②一行：即僧一行（683—727）。本名张遂，魏州昌乐（今河南南乐）人，一说巨鹿（今河北巨鹿）人。唐代天文学家，在世界上首次推算出子午线纬度一度之长，编制《大衍历》。

③《春秋》：春秋时鲁国的编年史，相传经孔子删订成书。记载了公元前722至前481年共二百四十二年的史事，是儒家的主要经典之一。日蚀三十六：据今人统计《春秋》所载日蚀实为三十七次。

④诸历通验：古代历法制定后，都要根据自己的计算方法推验过去的天文现象，以验证新历法的精确度。

⑤庄公十八年：即公元前676年。据《春秋》记载，庄公十八年“三月，日有食之”。因没有写明当月朔日的干支，后人众说纷纭。《穀梁传》的作者认为这次日食是一次“夜食”；《隋书·律历志》认为，这次日食应发生在五月壬子，《春秋》中的“三”当为“五”字之误。据近人研究，这次日食发生在公元前676年4月15日黄昏，与《穀梁传》和《隋书》的推测一致。

⑥四百七十五：据朱文鑫《历代日食考》统计，这一时期见于文献记载的日食共有五百七十八次。

⑦算：算筹。

⑧一算：犹今言一个数。每个数都可看成是一次运算，故称“一算”。

⑨大历：官修的历法。

⑩ 傍通历：民间使用的普通历书。

⑪ 大乘除皆不下：古人用算筹乘除，被乘数和被除数放在上边叫“上位”，乘数和除数放在下边叫“下位”，中间为运算的位置叫“中位”。卫朴用算筹运算时，不用像现在列算式一样，只需按照数位放置或移动少量算筹，即可得出结果。

⑫ 照位：对位。运筹：移动算筹，指运算。

⑬ 候簿：天文观测记录簿。

译文

淮南人卫朴精通历法，是唐代僧一行那样的人物。《春秋》一书中记载了三十六次日蚀，用各种历法通加验证，比较精密的也不过推算出二十六七次，只有一行推算出二十九次；而卫朴则推算出三十五次，只有鲁庄公十八年的一次日蚀，古今的推算方法都推算不出日蚀，怀疑是《春秋》记错了。从夏代仲康五年癸巳岁到宋代熙宁六年癸丑岁，总共三千二百零一年，各种书籍所记载的日食共有四百七十五次，以往各种历法的推考检验，虽各有得失，而卫朴所推算出的为多。卫朴不用算筹就能够推算古今的日月食，只用口算乘除，一个数都不会错。凡是官修的历法书，全都是计算和数字，卫朴叫人在耳边读一遍，就能够暗中背诵；至于民间使用的普通历书，他则能纵横背诵。他曾叫人抄写历书，抄写完毕后，叫人贴着他的耳朵读一遍，有个地方错了一个数，读到这个地方时，他就说：“这里某字错了。”他的技艺精湛到这样的程度。他用算筹运算时，大数字的乘除都不用一步一步摆下去，只对着数位运筹如飞，人的眼睛都跟不上。有人曾故意移动了他的一只算筹，他从上到下用手摸了一遍，到被移动的地方，就随手拨正后离开。熙宁年间制定《奉元历》，因为没有天文观测记录簿，卫朴未能发挥其全部技艺才能，他自己也说《奉元历》的可靠性只有六七成而已，就这样也已比其他历法更为精密了。

312.梵天寺木塔

题解

本条介绍了北宋建筑师喻皓的又一事迹。他通过“布板”“实钉”等技术，使塔身“上下弥束，六幕相联如胠箧”，由此加强了木塔整体的结构刚度，使摇动的塔身归于稳固，显示了喻皓对建筑技艺的精研和熟悉。这说明在一千多年前，我国的建筑理论和技术工艺就已达到了相当高的水平。

钱氏据两浙时[①]，于杭州梵天寺建一木塔[②]，方两三级，钱帅登之[③]，患其塔动。匠师云：“未布瓦，上轻，故如此。”乃以瓦布之，而动如初。无可奈何，密使其妻见喻皓之妻[④]，赂以金钗[⑤]，问塔动之因。皓笑曰：“此易耳。但逐层布板讫，便实钉之[⑥]，则不动矣。”匠师如其言，塔遂定。盖钉板上下弥束[⑦]，六幕相联如胠箧[⑧]。人履其板，六幕相持，自不能动。人皆伏其精练[⑨]。

注释

① 钱氏：指五代吴越国（907—978）的吴越王钱镠及其子孙。两浙：即两浙路。辖境大致相当于今天的浙江省全境，江苏省南部的苏锡常镇四市和上海市（不含崇明岛）、福建省闽东地区。

② 木塔：此处的梵天寺木塔指宋乾德二年（964）重建的木塔。原塔始建于后梁贞明二年（916）。

③ 钱帅：即钱俶（929—988），钱镠之孙，后归顺北宋。

④ 喻皓：浙东人，五代末、北宋初期建筑师。

⑤ 赂：赠送财物。

⑥ 实钉：用钉子钉实、钉牢。

⑦ 弥束：紧密约束，文中指通过逐层钉板，使塔体得到紧固，结构得到加强。

⑧ 六幕：指上、下、左、右、前、后六个面，即下文举例所用箱子的六个面。胠箧 qūqiè：原指撬开箱子，此处指箱子。

⑨ 伏：通“服”，敬佩，信服。精练：精研熟悉。

译文

钱氏王朝统治两浙时，在杭州梵天寺修建一座木塔，才建了两三层时，钱帅登上木塔，嫌它晃动。工匠说：“还没有盖瓦，上面轻，所以才会这样。”于是在上面盖了瓦，但是木塔还是像当初一样晃动。实在没有办法了，工匠就暗地里让妻子去见喻皓的妻子，赠送给她金钗，借此打听木塔晃动的原因。喻皓笑着说："这个容易啊，只要逐层铺上木板，用钉子钉牢，就不会晃动了。"工匠按他说的去做，木塔于是稳固了。因为钉牢木板以后，木塔上下各层紧密连接，上、下、左、右、前、后六面互相连接，就像一只箱子。人在楼板上走，六面互相支撑，自然不会晃动。人们都佩服喻皓对技艺精研熟悉。

卷十九 器 用

“器用”即“器皿用具”的意思，用现在的术语来表达，可称为古器物学。宋代古器物学兴盛发达，与当时的文化背景息息相关。宋初朝廷改制礼乐，促进了古器收藏著录之风的形成，此后理学思潮的兴起与发展对器物学的兴起起到了极其重要的推动作用，文人学者认为器物的著录正是经世致用思想的表现。此外，北宋朝廷方面对古玩器物极为好尚，朝野和民间搜求古器物蔚然成风，这为古器物学的繁荣提供了制度和物质上的保证。有皇家宫廷的极力推崇，有文人学者的追随好尚，又有市井民间的趋之于利，风气既成，朝野尊尚，繁盛一时。北宋的古器物研究，专家学者众多，著录成果丰硕。欧阳修的《集古录》成为宋代器物学专书的开端；元祐间李公麟作《古器图》、吕大临作《考古图》，使这门学问进一步成熟；宋徽宗在位时，宣和殿收藏古铜器达数万件，古器物学也因之一时大盛，并编出了集成式的《宣和博古图》。《梦溪笔谈》本卷中所涉及的古器物，包括铜黄彝、铜钲、蒲璧、谷璧、罍、吴钩、矢服、弩机、神臂弓、湛卢剑、鱼肠剑、凸面镜、钱币、透光镜、有矩弩机、铁甲、玉钗、古印章、玉辂等，大都是作者亲见的实物。与《梦溪笔谈》其他卷的论述方式类似，沈括研究古器物往往以科学的眼光进行观察，以自己的亲身实践和切身体验为主，这有别于多数文人学者的以文献考证为主。沈括所描述的古器物相当有限，但却具有别样的实践特色，对于研究我国古代的科学与技术具有极其重要的价值和意义。

321.吴　钩

题解

本条描述了吴钩的样式，并考证其为现今南方少数民族所用的葛党刀。

唐人诗多有言“吴钩”者[①]。吴钩，刀名也，刃弯，今南蛮用之[②]，谓之“葛党刀”[③]。

注释

① 吴钩：钩，兵器，形似剑而曲。春秋吴人善铸钩，故称。后也泛指利剑。

② 南蛮：古称南方的民族及其居住的地方。

③ 葛党刀：古代一种弯形的名刀，即“吴钩”。

译文

唐人的诗作多有言及“吴钩”的。吴钩是刀名，刀刃是弯的，现在南方一些部族还在用它，称之为“葛党刀”。

322.虚能纳声

题解

本条所描述的声学现象，早在战国时的《墨子》中就有记载，至少在唐代，就已将它运用于军事目的。将箭袋放在地上枕着，能听到数里内的人马声，有两个方面的原因：一是声波通过土地介质传播，声波的传布速度与介质密度成正比，土石的密度较空气的密度约大千倍，所以声波经土地介质的传播比在空气中的传播快得多；二是声波通过地层传到箭袋时，引起袋内空气柱发生共振，即现代物理学上的“气柱共振”现象。以上两个因素导致了沈括所说的“虚能纳声”现象。

古法以牛革为矢服①，卧则以为枕。取其中虚，附地枕之，数里内有人马声，则皆闻之。盖虚能纳声也②。

注释

① 矢服：即矢箙fú。古代装箭的箭袋，多用皮革或竹子等材料制成。

② 纳声：接收声音。

译文

古人用牛皮做箭袋，睡觉的时候就用它来当枕头。利用箭筒中空的特点，贴近地面，枕在头下，几里以内如果有人马的声音，都能听到。这是因为中空的东西能够接收声音。

324.神臂弓

题解

本条介绍了神臂弓的构成、特点及其使用方式，说明了神臂弓是一种威力强大的兵器。

熙宁中[①]，李定献偏架弩[②]，似弓而施干镫[③]。以镫距地而张之[④]，射三百步，能洞重札[⑤]，谓之“神臂弓”，最为利器。李定本党项羌酋，自投归朝廷，官至防团而死[⑥]，诸子皆以骁勇雄于西边。

注释

①熙宁：宋神宗赵顼的年号（1068—1077）。

②偏架弩：机械弓的一种。弓架上无箭槽，发射时箭在弓架一边，故名。

③干gàn镫：干是弩身，镫是圆形脚踏。

④距：通“拒”，抵。

⑤重札：多层的铠甲。

⑥防团：防御使、团练使的合称。前者高于后者，皆为武官兼衔。

译文

熙宁年间，李定向官府进献偏架弩，像弓一样而安装有干镫。用脚踏铁镫抵于地面张开弓，箭能射出三百步远，可以洞穿多层铠甲，称之为“神臂弓”，是最锐利的兵器。李定本是党项羌族人的酋长，自从投归朝廷，历官至团练使、防御使而去世，他的几个儿子都以骁勇善战称雄于西部边陲。

325.沈卢、鱼肠

题解

本条介绍了“沈（湛）卢”“鱼肠”等古代名剑剑名的由来，说明了其成分构成和历史源流。

古剑有“沈卢”“鱼肠”之名[①]。“沈卢”谓其湛湛然黑色也。古人以剂钢为刃[②]，柔铁为茎干，不尔则多断折。剑之钢者，刃多毁缺，“巨阙”是也，故不可纯用剂钢。“鱼肠”即今蟠钢剑也[③]，又谓之“松文”[④]。取诸鱼燔熟[⑤]，褫去胁[⑥]，视见其肠，正如今之蟠钢剑文也。

注释

① 沈卢：据《越绝书》，“沈卢”亦作“湛卢”，它与“鱼肠”“巨阙”都是古代著名宝剑。沈，同“沉”。“湛”字古读亦如“沉”。卢，黑色。

② 剂钢：一种质地坚硬的钢，即今所称合金钢，也就是统称的钢。古人以为这种钢掺入了其他成分(剂)，有杂质，不是纯钢，故称“剂钢”。

③ 蟠钢剑：饰蟠龙纹的钢剑。

④ 松文：同“松纹”。因松树的皴皮纹似蟠龙，故蟠龙剑又称松文剑。

⑤ 燔 fán：烤肉使熟。

⑥ 褫 chǐ：剥去，脱去。胁：从腋下到肋骨尽处的部分。

译文

古代的名剑有叫“沈卢”“鱼肠”的。“沈卢”的意思是指它有黑色的湛然光泽。古人用一种质地坚硬的钢做剑刃，以熟铁为剑身，不这样剑就容易折断。用钢铸的剑，剑刃会多有毁缺，古时相传的“巨阙”就是这样，所以不可完全用质地坚硬的钢。“鱼肠”就是现在的蟠钢剑，又称之为“松文”。“鱼肠”名字的由来是这样的：将鱼烧熟，剥去其腋下至肋骨尽处的部分，可以看见它的肠子，就像现在蟠钢剑的花纹一样。

327.凸 鉴

题解

本条介绍了古人铸造铜镜的巧妙工艺。可以看出，古代铸镜工匠已经能够正确地掌握镜面曲率与映象大小的关系，从而造出与人面“大小相若”的铜镜，这反映了古代劳动人民的聪明智慧。

古人铸鉴[①]，鉴大则平[②]，鉴小则凸[③]。凡鉴洼则照人面大[④]，凸则照人面小。小鉴不能全观人面，故令微凸，收人面令小，则鉴虽小而能全纳人面。仍复量鉴之小大[⑤]，增损高下，常令人面与鉴大小相若。此工之巧智，后人不能造。比得古鉴[⑥]，皆刮磨令平，此师旷所以伤知音也[⑦]。

注释

①鉴：镜子。古人以青铜铸成镜子，将镜面打磨光亮，用来映照人像。

②鉴大则平：意思是说如果镜子大就把镜面铸成平的。平，将镜面铸成平的。

③鉴小则凸：意思是说如果镜子小就把镜面铸成凸起的。凸，将镜面铸成凸起的。

④鉴洼：镜面向内凹。洼，凹陷。

⑤仍：重复，频繁。本句意思是指仔细斟酌镜面凹凸高低的情况，以选择一个最为恰当的凹凸高低程度。

⑥比：及，等到。

⑦师旷：春秋时晋国著名乐师。知音：相传俞伯牙善弹琴，钟子期善听琴。俞伯牙弹到志在高山的曲调时，钟子期就说“峨峨兮若泰山”；弹到志在流水的曲调时，钟子期又说“洋洋兮若江河”。钟子期死后，伯牙不再弹琴，以为没有人能像钟子期那样懂得自己的音乐。后遂以“知音”比喻对自己非常了解的人。

译文

古人铸造铜镜，镜子大就把镜面铸成平的，镜子小就把镜面铸成凸的。凡是镜子镜面凹陷的，照出的人脸就大，镜面凸起的，照出来的人脸就小。小镜子不能将人的面部照全，所以让镜面微微凸起，就可将人脸缩小一点，因此即使镜子小也能将人脸全部收进去。铸造镜子时，需要反复多次测量镜面的大小，调整镜面的凹凸程度，使照出来的人脸大小总是与镜子大小相当。这是工匠的技巧与智慧之处，后人造不出来。等到有人得到古代的铜镜，都刮削打磨将镜面弄平了，这也正是师旷伤感于知音难觅的原因。

330.透光鉴

题解

本条说的“透光鉴”是一种特制的铜镜，当它反射日光时，墙上会出现与背面图形相似的花纹轮廓，好像光会从镜中透过似的。这种透光镜在西汉曾盛极一时，隋唐以后制造者日稀。到了宋代，这一制造工艺已经失传。沈括是第一个试图对透光原理作出科学分析的人。沈括的分析和推理，启发了后人对这个问题的研究，后世有不少学者对透光镜的制作原理进行探索，但都没有找到确切的答案。现在一般认为，透光这一现象是镜面存在许多微小的凸凹不平的曲率差异所造成。凹处光线会聚，而凸处光线发散，于是在映象中就会出现与镜背图文相应的亮部和暗部，从而在墙上形成镜背图文。镜面的这种凸凹不平的曲率差异，有人认为是铸造成因，研磨透光；又有人认为是淬火处理所形成。无论是通过何种方式制成，透光镜的出现都可以表明汉朝在铜合金的冶炼、铸造和加工等方面已达到较高的技术水平。

世有透光鉴[①]，鉴背有铭文，凡二十字，字极古，莫能读。以鉴承日光[②]，则背文及二十字，皆透在屋壁上[③]，了了分明。人有原其理[④]，以谓铸时薄处先冷，唯背文上差厚[⑤]，后冷而铜缩多。文虽在背，而鉴面隐然有迹，所以于光中现。予观之，理诚如是。然予家有三鉴，又见他家所藏，皆是一样，文画铭字无纤异者[⑥]，形制甚古。唯此一样光透，其他鉴虽至薄者皆莫能透。意古人别自有术[⑦]。

注释

① 透光鉴：即透光镜。文中指可以在镜面反射日光时把铜镜背面的文字或图案映射出来的一种铜镜，是我国古代人民的发明创造，一般认为西汉时已有制造。
② 承日光：对着日光。
③ 透：透射。
④ 原：推究。
⑤ 差：略微。
⑥ 纤异：细小差异。
⑦ 意：推测，猜想。

译文

世上有透光的铜镜，镜背面有铭文，共二十个字，字体极古老，不能识读。用镜面对着太阳光，则铜镜背面的花纹及二十个字都透射在房屋墙壁上，十分清楚。有人推究这一现象的原理，认为铸造铜镜时，薄的地方先冷却，而背面有花纹及文字的地方略厚一些，这些地方冷得慢，铜就收缩得多一些。花纹虽在背面，而镜面上隐约存留着它们的痕迹，所以在日光照射下就显示出来了。我观察了这面铜镜，原理确实应该如此。然而我家里有三面铜镜，又曾见到他人家里所收藏的，都是一个式样，纹饰图画和铭文字体几乎没有丝毫的差异，形制都很古老。而只有这一面能够透光，其他镜子即使最薄的，也都不能透光。我猜测古人另外自有一套特别的制作技术。

337.大驾玉辂

题解

本条记载描述了唐、宋两代的“大驾玉辂”。唐玉辂“稳利坚久”，直用到宋仁宗时，还依然“完壮”；后者各造于庆历、元丰年间，却不稳固，一压就碎。这强烈的对比说明核心技术的掌握对器物的质量具有决定性作用。如果没有掌握核心技术，即使外表“极工巧”，也是金玉其外而败絮其中。

大驾玉辂[①],唐高宗时造,至今进御[②]。自唐至今，凡三至泰山登封，其他巡幸，莫记其数，至今完壮，乘之安若山岳，以措杯水其上而不摇。庆历中[③]，尝别造玉辂，极天下良工为之，乘之动摇不安，竟废不用。元丰中[④]，复造一辂，尤极工巧，未经进御，方陈于大庭，车屋适坏，遂压而碎，只用唐辂。其稳利坚久，历世不能窥其法。世传有神物护之，若行诸辂之后，则隐然有声。

注释

①大驾：皇帝出行，仪仗队之规模最大者为大驾，在法驾、小驾之上，有时也泛指帝王的车驾。玉辂lù：古代帝王所乘之车，以玉为饰，故称“玉辂”。辂，古代的一种大车。

②进御：指为君王所御幸。

③庆历：宋仁宗赵祯的年号（1041—1048）。

④元丰：宋神宗赵顼的年号（1078—1085）。

译文

宫中帝王车驾的玉辂，是唐高宗时制造的，至今还供皇上使用。从唐朝到现在，共三次至泰山举行封禅典礼，其他巡视出行，不计其数，而玉辂至今完好结实，乘坐起来安如山岳，放杯水在上面也不会摇动。庆历年间，曾另造一辆玉辂，极尽天下最优秀的工匠来制作，乘上去还是摇动不稳，最后废弃不用。元丰年间，又造了一辆玉辂，更是极尽天下工巧之能事，还没有进献给皇上使用，正陈放在大庭中，恰好车屋倒坏，就压碎了，只好仍用唐玉辂。它稳定、便利、坚固、耐用，多年来都不能了解其制造方法。世人传说有神物保护它，如果让它行在其他车辂之后，就会听到隐约的声响。

卷二十　神　奇

本门所记都是古人不能解释的一些传闻奇事。其中有些现象，在今天看来已是常识，有些现象虽然至今无法解释，甚至看起来有些荒诞，但我们不能用今天的标准来看待这个问题。从科学史上来看，人类进步的历史就是不断认识自然和解释自然的历史。过去许多看来神奇的现象现在已经有了科学解释；而现在看似无法解释的现象，随着科学的进一步发展，也有可能得到科学解释。对待这一问题，需要将心胸放开，抱着开放的态度。切忌一看到目前还无法解释的现象，就急于贴上迷信的标签，对其大张挞伐。

340.陨　石

题解

陨石是木燃尽的流星体从太空掉落到地球或其他行星表面的石质、铁质或石铁混合的物质，也称“陨星”。大多数陨石来自小行星带，小部分来自月球和火星。《春秋》一书中，就曾记载鲁庄公七年（公元前687年）四月有陨石降落。此后，也有人多次记载过陨石降落现象，但都不如沈括描述得详细和充分。他不但记述了陨石的降落过程，还对陨石的形状、色泽、重量等都做了详尽的描述。从其描述可以判断，沈括所记载的为一块铁陨石。

治平元年[①]，常州日禺时[②]，天有大声如雷，乃一大星，几如月，见于东南。少时而又震一声，移著西南[③]。又一震而坠在宜兴县民许氏园中[④]。远近皆见，火光赫然照天，许氏藩篱皆为所焚[⑤]。是时火息[⑥]，视地中有一窍如杯大，极深。下视之，星在其中，荧荧然。良久渐暗，尚热不可近。又久之，发其窍[⑦]，深三尺余，乃得一圆石，犹热，其大如拳，一头微锐，色如铁，重亦如之。州守郑伸得之[⑧]，送润州金山寺[⑨]，至今匣藏，游人到则发视[⑩]。王无咎为之传甚详[⑪]。

注释

①治平：宋英宗赵曙的年号（1064—1067）。

②常州：州名，治所在今江苏常州。日禺 yú：日落。禺，禺谷，古代传说太阳落下的地方叫禺谷。

③著 zhuó：通“着”，着落。

④宜兴：县名，今江苏宜兴。

⑤藩篱：篱笆。

⑥息：通“熄”。

⑦发：开挖，挖掘。

⑧州守：宋代州一级的行政长官。

⑨润州：州名，治所在今江苏镇江。金山寺：即今江

苏镇江金山寺。

⑩ 发视：文中指打开匣子让人观看。

⑪ 王无咎（1024—1069）：字补之，南城县（今属江西）人。曾巩妹夫，王安石的学生。

译文

治平元年，常州有一天日落时分，天空响起雷鸣一般的声音，原来是一颗大星，差不多像月亮那么大，出现在东南方。过了不多久又发出一声震响，大星移到了西南方。接着又震了一下，便坠落到了宜兴县一个姓许人家的园子里。远近的人们都看到了，熊熊火光照亮天空，许家园子里的篱笆都被火烧毁了。这时火熄灭了，看到地里有一个像杯口大小的洞，非常深。往下看去，落下的星在里面，还荧荧地发着光亮。过了很长时间才慢慢暗下来，不过还是热得无法接近。又过了很长时间，挖开那个洞，有三尺多深，就得到一块圆形的石头，还是热的，像拳头般大小，一头略微有点尖，颜色像铁，重量也像铁。知州郑伸得到这块陨石，将其送到润州的金山寺，至今还用匣子收藏着，有游客来了就打开匣子让人观赏。王无咎对这件事有很详细的记载。

344.菜类病变

题解

十字花科芸薹属的一些菜，如油菜、白菜等，常发生霜霉病和白锈病，引起花轴受害呈肿胀弯曲状畸形，俗称“龙头病”。花器受害后经久不凋落，花瓣肥厚、绿色、叶状，不能结实，于是有人将这种畸形花认为是“荷花”，并容易将膨大的子房附会成佛。沈括在本条中描述了这些蔬菜的病变现象，并认为“此常性，无足怪者”，这是非常正确的科学认识。

菜品中芜菁、菘、芥之类①，遇旱其标多结成花②，如莲花，或作龙蛇之形③。此常性，无足怪者。熙宁中④，李宾客及之知润州⑤，园中菜花悉成荷花，仍各有一佛坐于花中，形如雕刻，莫知其数。曝干之⑥，其相依然。或云：“李君之家奉佛甚笃⑦，因有此异。”

注释

①菜品：蔬菜品种。芜菁：又名蔓菁。二年生草本植物，块根肉质，花黄色，块根可做蔬菜，俗称大头菜。菘：即白菜。芥：一年或二年生草本植物，种子黄色，味辛辣，磨成粉末，称“芥末”，作调味品。按用途分为叶用芥菜（如“雪里蕻”）、茎用芥菜（如“榨菜”）、根用芥菜（如“大头菜”）等。

②标：原意为树梢，这里指菜的顶端。

③沈括文中所列举的蔬菜均属十字花科芸薹属，这些蔬菜的花序为总状花序，带平顶，有些像莲花。

到开花后期，又似龙蛇状。

④ 熙宁：宋神宗赵顼的一个年号（1068—1077）。

⑤ 李宾客及之：字公达，曾撰有《君臣龟鉴》八十卷。宾客，官名，全称为太子宾客，是皇太子的主要属官之一。

⑥ 曝：晒。

⑦ 笃：忠实，虔诚。

译文

蔬菜中芜菁、白菜、芥菜等一类菜，遇到天旱，其顶部多集结成花，呈莲花或龙蛇一类的形状。这是事物的一定规律，没有什么可奇怪的。熙宁年间，宾客李及之做润州的知州，他菜园中的菜花都长成荷花的形状，每朵花中还有一个像佛那样的东西坐于其中，外形像雕刻出来的一样，不计其数。菜花晒干后，形状仍然不变。有人说："李家信仰佛陀非常虔诚，所以会出现这种奇异现象。"

347.雷　震

题解

雷电是一种高压、高强度的火花放电现象，平均电流是3万安培，最大电流可达30万安培，电压高达1亿至10亿伏特不等。如此高压、高电流的放电可在周围产生高频交变电磁场，置于电磁场中的导体就会发生电磁感应而产生高强度涡电流，进而产生大量的热使金属熔化，而草木等非导体并不会发生感应而产生这些现象。沈括在本条中对上述现象进行了详尽的描述，但限于认识水平而不能给出科学的解释，转而救助于佛书进行说明，这是其历史局限性，也是科学发展所需要经历的认识过程。

内侍李舜举家曾为暴雷所震①。其堂之西室，雷火自窗间出，赫然出檐。人以为堂屋已焚，皆出避之。及雷止，其舍宛然，墙壁窗纸皆黔②。有一木格，其中杂贮诸器，其漆器银铝钔者③，银悉镕流在地，漆器曾不焦灼。有一宝刀，极坚钢，就刀室中镕为汁④，而室亦俨然⑤。人必谓火当先焚草木，然后流金石，今乃金石皆铄⑥，而草木无一毁者，非人情所测也。佛书言“龙火得水而炽⑦，人火得水而灭”，此理信然。人但知人境中事耳⑧，人境之外，事有何限，欲以区区世智情识，穷测至理⑨，不其难哉！

注释

①内侍：宦官。宋代增设入内内侍省和外侍省，分别称前省、后省。前者尤其得到宠幸，后世因称宦官为内侍。李舜举（1033—1082）：字公辅，汴京（今河南开封）人。宦官，曾领文州刺史，转嘉州团练使，元丰五年（1082）曾与沈括一道领兵抵御西夏，卒谥忠敏。

②黔 qián：黑色。

③银钔：用银镶嵌装饰。钔，用金属镶嵌装饰器具。

④刀室：刀鞘。

⑤俨然：完整的样子。

⑥铄 shuò：熔化金属。

⑦炽：火旺，引申为旺盛、强盛。

⑧人境：人世。

⑨至理：最根本的道理。至，极，最。

译文

内侍李舜举家曾遭受大的雷击。他家堂屋的西头房间，有雷火从窗户冒出，赫然蹿出于房檐之上，人们以为堂屋已被烧了，都跑出去躲避。等到暴雷停止，那间房子却依然如故，只是墙壁和窗纸都变黑了。屋内有一个木架，其中杂放着各种器物，那些有银饰的漆器，银饰全都熔化而流到了地上，漆器却不见被烧焦。有一口宝刀，极为刚硬，在刀鞘里熔化为铁汁，而刀鞘却完好无损。人们通常必定会认为，雷火应当首先焚烧草木，然后才熔化金石。而现在却是金石都被熔化，草木反而无一被毁，这不是人之常情所能料想的。佛书上说"龙火得水会更炽烈，人火得水则会熄灭"，这个道理确实如此。人只不过能了解人世间的事情罢了，人世间之外，事理哪里有极限！想以区区人世间的智识和情理，去探究终极的道理，不是太难了吗？

350.事非前定

题解

本条用形式逻辑的推理方法，批评了社会上对“前知”的迷信，认为“事非前定，方其知时，即是今日”，这是具有朴素唯物主义思想的认识，具有一定的思想价值。

人有前知者[①]，数十百千年事皆能言之，梦寐亦或有之[②]，以此知万事无不前定。予以谓不然。事非前定，方其知时，即是今日。中间年岁，亦与此同时，元非先后。此理宛然[③]，熟观之可喻[④]。或曰：“苟能前知，事有不利者，可迁避之[⑤]。”亦不然也。苟可迁避，则前知之时，已见所避之事，若不见所避之事，即非前知。

注释

①前知：先知，即预先知道将来要发生的事情。

②梦寐：做梦。

③宛然：曲折貌。

④熟观：仔细观察。谕：了解，知道。

⑤迁避：回避，躲避。

译文

人们中有能先知的人，数十百千年之后的事都能预言，做梦时也有这种情况，以此知道万事无不是前定的。我对这些说法不以为然。万事并没有前定的，当所谓将来的某件事被人们知道的时候，它便已是今日的事。从今日到预言的将来的年岁，这中间所有的时间都与今日同时，原没有先后。这道理看似曲折，但仔细体察就会明白。有人说：“假如能够先知，那么将来事情有不利的就可以躲避。”这种说法也不对。假如可以躲避，那么人们在先知的时候，就已看出所要躲避的事，若是看不出所要躲避的事，那就说明人们不能先知。

卷二十一　异事（异疾附）

本门所记“异事”，指不平常或难以理解的事情，多为一些当时人们还不能解释的自然现象或考古器物等，这与上门“神奇”所记内容略有不同，其中有一些条目具有重要的研究价值。

357.虹

题解

虹是光线以一定角度照在水滴上所发生的折射、内反射、再折射等造成的大气光现象。光线照射到水滴后，在水滴内会发生折射。紫色光的折射程度最大，红色光的折射最小，其他各色光则介乎两者之间。折射光线经水滴的后缘内反射后，再经过水滴和大气折射入人们眼里。由于空气中悬浮的水滴很多，所以当我们仰望天空时，同一弧线上的水滴所折射的光线角度相同，于是我们就看到了内紫外红的彩色光带，即彩虹。沈括在本条中对虹这一自然现象做了细致的观察，指出虹和太阳的位置正好是相对的，并描述了虹随着太阳运行而移动的现象，这些发现比西方早了二百多年。

世传虹能入溪涧饮水①，信然②。熙宁中③，予使契丹④，至其极北黑水境永安山下卓帐⑤。是时新雨霁⑥，见虹下帐前涧中。予与同职扣涧观之⑦，虹两头皆垂涧中。使人过涧，隔虹对立，相去数丈，中间如隔绡縠⑧。自西望东则见盖夕虹也。立涧之东西望，则为日所铄⑨，都无所睹。久之稍稍正东，踰山而去⑩。次日行一程，又复见之。孙彦先云⑪："虹乃雨中日影也，日照雨即有之。"

注释

①虹：也叫彩虹，大气中一种光的现象。天空中的小水珠经日光照射发生折射和反射作用而形成弧形彩带，出现在与太阳相对的方向，由外圈至内圈呈红、橙、黄、绿、蓝、靛、紫七种颜色。

②信然：确实如此。

③熙宁：宋神宗赵顼的一个年号（1068—1077）。

④契丹：我国古代北方民族，是东胡的一支，后改称辽。沈括出使辽国契丹在熙宁八年（1075）。

⑤黑水：水名，西拉木伦河支流，在今内蒙古克什克腾旗、林西县、巴林右旗一带。永安山：在今内蒙古西乌珠穆沁旗境内。卓帐：竖起帐篷。

⑥雨霁 jì：雨过天晴。

⑦扣涧：靠近涧边。扣，靠近，临近。

⑧绡縠 hú：生丝织成的薄纱。

⑨铄：熔化金属，引申为削弱。文中指彩虹的光没

有阳光强烈，因而被遮没了。一说“铄”通“烁”，是“闪光”的意思，亦可通。

⑩ 踰：同“逾”，越过。

⑪ 孙彦先：即孙思恭（约 1009—1069）。字彦先，登州（今山东蓬莱）人，精通历法与数学。

译文

世人相传彩虹能够下到溪涧中饮水，确实如此。熙宁年间，我出使契丹，到了它最北边黑水境内的永安山下扎下帐篷。当时正逢雨后初晴，见有彩虹降到帐篷前的溪涧中。我和一起出使的同事进入溪涧中观看，彩虹的两头都垂到涧水中。派人跨过溪涧，隔着彩虹站到对面，相距有数丈远，中间如同隔了一层薄纱。自西向东观望能够看见（因为是傍晚的彩虹）。站到溪涧的东面向西观望，则彩虹为日光所消融，什么也看不见。过了好久，彩虹渐渐向正东方向移动，最后越过山岭离去。第二天继续前行一程，再次看见了彩虹。（孙彦先说：“虹是雨中太阳的影子，太阳照雨就会有虹出现。”）

360.夹　镜

题解

本条介绍了一面在发声、硬度、亮度等方面都与众不同的古镜。这面古镜的材料不完全是纯铜或青铜，它可能是由其他铜合金经冷作成型而制成，其工艺到了宋代已经失传。从该条记载可以看出我国古代冶金技术及制镜工艺的高超、精湛。

予于谯亳得一古镜[①]，以手循之[②]，当其中心，则摘然如灼龟之声[③]。人或曰："此夹镜也[④]。"然夹不可铸，须两重合之。此镜甚薄，略无焊迹，恐非可合也。就使焊之，则其声当铣塞[⑤]；今扣之，其声泠然纤远[⑥]。既因抑按而响，刚铜当破[⑦]，柔铜不能如此澄莹洞彻[⑧]。历访镜工，皆罔然不测。

注释

① 谯亳：今安徽亳州及其邻近地区。宋设亳州，习惯上亦称谯郡。

② 循：抚摩，揿压。

③ 摘：同"擿 tì"，象声词，形容开裂的声音。灼龟：古代用火烧炙龟甲，视其裂纹以测吉凶。

④ 夹镜：两层铜材合起来制作的铜镜。

⑤ 铣 xiǎn 塞：指声音像被塞住开口的钟所发出的那种沉闷声。铣，指古代钟下的两角。

⑥ 泠 líng 然纤远：清越、纤细而传得远。

⑦ 刚铜：硬铜，指含锡较多的青铜，质硬而脆。

⑧ 柔铜：纯铜（红铜）或含锡很少的青铜，质柔而声浊。

译文

我在亳州得到一面古铜镜，用手抚摩它，当触到镜子的中心时，它就会发出像烧灸龟甲似的开裂声。有人说："这是一面夹镜。"但是夹镜是不可以铸造的，必须将两层铜片拼合起来才行。这面镜子很薄，看不出一点焊接的痕迹，恐怕不是拼合起来的。如是焊接起来的，它的声音应沉闷重浊；现在叩击它，声音却清越而悠长。既然是因为按压它才能发出响声，那么它若是硬铜就会破裂，若是软铜又不可能如此澄明透亮。多次访问制造铜镜的工人，都迷惘而说不出所以然。

364.冷　光

题解

本条记载的两种发光现象，前一种可能是磷火之类的化学发光，后一种可能是在鸭蛋腐败过程中繁殖起来的发光细菌所产生的生物发光现象。化学发光和生物发光，其热效应极其微弱，所以叫冷光。冷光是自然现象，沈括在当时条件下，虽然不知晓其中的发光道理，但根据两者的发光特点，指出"物有相似者，必自是一类"，具有一定的道理。

卢中甫家吴中[①]，尝未明而起，墙柱之下，有光熠然。就视之，似水而动；急以油纸扇挹之[②]，其物在扇中滉漾[3]，正如水银，而光艳烂然；以火烛之，则了无一物。又魏国大主家亦尝见此物[4]，李团练评尝与予言[5]，与中甫所见无少异，不知何异也。予昔年在海州[6]，曾夜煮盐鸭卵，其间一卵烂然通明如玉，荧荧然屋中尽明；置之器中十余日，臭腐几尽，愈明不已。苏州钱僧孺家煮一鸭卵[7]，亦如是。物有相似者，必自是一类。

注释

① 卢中甫：即卢秉（？—1092）。字仲甫，湖州德清（今属浙江）人。卢革子，仁宗皇佑元年（1049）进士。吴中：今江苏苏州一带，亦泛指吴地。

② 挹 yì：舀起。

③ 滉 huàng 漾：闪动；摇动。

④ 魏国大主：即魏国大长公主，宋太祖长女。大主，即太主，皇帝姑母的称号。

⑤ 李团练评：即李评。字持正，上党（今山西长治）人，官至团练使。团练，即团练使，宋武官名。

⑥ 海州：州名，治所在今江苏连云港西南。

⑦ 钱僧孺：苏州人，《长兴集》记其为沈括妻妹之夫，曾为苏州长洲主簿。

译文

卢中甫家住吴中，曾有一次天未亮就起床，发现在墙柱下面有熠熠的亮光。走近去看，那东西像水一样流动；急忙用油纸扇将它舀起来，这个东西在扇中闪动，就像水银，而光亮灿烂；用烛火照看，却什么东西都没有。此外，在魏国大长公主家也曾见到这种东西，李评团练使曾跟我谈起过，和在中甫家所见的没有什么差别，不知是什么怪异的东西。我当年在海州时，曾在夜间煮咸鸭蛋，其中有一个鸭蛋光灿灿的，通体透明如玉，荧荧的光亮照得满屋子都明亮起来；把它放在器皿中十多天，臭烂腐败得几乎没有了，却更加明亮，发光不止。苏州钱僧孺家煮了一个鸭蛋，也是这样。有相似现象的东西，必定是自为一类的。

370.巨嵎山震动

题解

《宋史·五行志》记载，庆历六年三月庚寅（1046年4月18日），“登州地震，巨嵎山摧，自是屡震，辄海底有声如雷”。本条记载了该次大地震后50余年间巨嵎山地震的相关情况，现在该条记载已被编入《中国地震资料年表》，是研究我国地震史的一条重要史料。

登州巨嵎山[①]，下临大海。其山有时震动，山之大石皆颓入海中[②]。如此已五十余年，土人皆以为常[③]，莫知何谓。

注释

①登州：州名，治所在今山东蓬莱。巨嵎山：山名，又作岠嵎山，今山东威海乳山市西南有岠嵎山。

②颓：崩坏，倒塌。

③土人：当地人。

译文

登州巨嵎山，下临大海。该山时有震动，山上的大石都崩塌坠入海中。这种情形已有五十多年了，当地人都习以为常，而不知道为何会这样。

371.滴翠珠

题解

本条所记载的“滴翠珠”可能是一种包裹有流质的水晶，所以当珠子来回转动时，流质总是停留在珠子下方。据古书记载，这类水晶在古代时有发现，现在称之为“包裹体水晶”，它既具有极高的收藏价值和观赏价值，又是研究水晶矿床形成温度、压力和成矿溶液性质的一种重要标本。

士人宋述家有一珠[①]，大如鸡卵，微绀色[②]，莹彻如水[③]。手持之，映空而观，则末底一点凝翠，其上色渐浅；若回转，则翠处常在下。不知何物，或谓之“滴翠珠”。佛书：“西域有琉璃珠，投之水中，虽深皆可见，如人仰望虚空月影④。”疑此近之。

注释

①士人：古时指读书人，亦泛称知识阶层。

②绀 gàn：红青，微带红的黑色。

③莹彻：晶莹透彻。

④虚空：天空，空中。

译文

士人宋述家里有一颗珠子，鸡蛋般大小，呈现微微的红青色，晶莹透亮如水。用手拿着它，对着天空看，其底部有一个深青翠绿色的点，从这个点往上，颜色逐渐变浅；如果把它倒转过来，则这个深青翠绿色的点总是在下面。不知道这是什么东西，有人称之为“滴翠珠”。佛书上说：“西域有一种琉璃珠，将其投入水中，即使水很深也都能看得见，就像人仰望天空中的月影一样。”我怀疑这颗珠子跟该琉璃珠相近似。

372.海市蜃楼

题解

海市蜃楼是地球上物体因光的折射和全反射而形成的一种自然现象，是一种虚像和光学幻景，也简称蜃景。自古以来，海市蜃楼就为世人所关注，我国古代人们常常将其看成是仙境，秦始皇、汉武帝曾派人前往蓬莱寻访仙境及寻求灵丹妙药。沈括在本条中虽然没有对该现象进行科学的解释，但采取了“疑不然”的存疑态度，如实记载并细致描述了这一现象，这种务实求真的精神是令人称道的。

登州海中时有云气[①]，如宫室、台观、城堞、人物、车马、冠盖[②]，历历可见，谓之“海市”[③]。或曰蛟蜃之气所为[④]。疑不然也。欧阳文忠曾出使河朔[⑤]，过高唐县[⑥]，驿舍中夜有鬼神自空中过[⑦]，车马人畜之声，一一可辨，其说甚详，此不具纪[⑧]。问本处父老，云：“二十年前尝昼过县，亦历历见人物。”土人亦谓之“海市”[⑨]，与登州所见大略相类也。

注释

①登州：州名，治所在今山东蓬莱。

②台观：建有楼观的高台。城堞 dié：城上的矮墙。冠盖：泛指官员的冠服和车乘，这里指仪仗行列。

③海市：大气因光折射而形成的反映地面物体的形象，旧称蜃气。

④蛟蜃 shèn：蛟与蜃，也泛指水族。蛟，古代传说中的一种类似龙的动物。蜃，大蛤蜊。也有说为蜃龙，一种传说中的龙形动物。栖息在海岸或大河的河口，模样像蛟而有鹿一样的角。

⑤欧阳文忠：即欧阳修（1007—1072）。北宋著名的

政治家、文学家和史学家，“文忠”是其谥号。河朔：古代泛指黄河以北的地区。欧阳修曾担任过河北都转运使。

⑥ 高唐县：县名，今山东高唐。

⑦ 驿舍：驿馆，古代官办的交通站和旅舍。中夜：半夜。

⑧ 纪：通“记”，记载，记录。

⑨ 土人：当地人。

译文

登州一带的海上，经常有云气如宫室、台观、城堞、人物、车马、冠盖的形状，历历可见，人们称之为“海市”。有人说这是海中的蛟龙和巨蜃吐气造成的，我怀疑不是这样。欧阳文忠公曾出使河朔，过高唐县，夜间在驿站的馆舍中听见有鬼神自空中通过，车马人畜之声一一可辨，他的叙说非常详细，这里不再叙述。我问高唐本地的父老，他们说：“二十年前县里曾在白天出现过这种景象，人和物也历历可见。”当地人也称之为“海市”，与在登州所看到的大略相似。

374.泽州化石

题解

本条是关于生物化石的一则比较详细的记载。根据沈括的描述和山西晋城一带的地质情况，所谓的“蛇蜃”化石可能是一种名为鳞木（Lepidodendron）的古代植物化石。鳞木出现于石炭二叠纪，为高大乔木，枝干上覆盖的叶片脱落以后，呈现出极为清晰的鳞片状印痕。它与许多热带沼泽植物共同形成森林，是石炭二叠纪重要的形成煤的原材料。沈括认为这种化石“盖蛇蜃所化”，应该是错误的。

治平中[①]，泽州人家穿井[②]，土中见一物，蜿蜒如龙蛇状。畏之不敢触。久之，见其不动，试扑之[③]，乃石也。村民无知，遂碎之。时程伯纯为晋城令[④]，求得一段，鳞甲皆如生物[⑤]。盖蛇蜃所化[⑥]，如石蟹之类[⑦]。

注释

①治平：宋英宗赵曙年号（1064—1067）。

②泽州：州名，隋开皇初改建州为泽州，治所在丹川（今山西晋城东北）。穿井：挖井。

③扑：轻打，拍。

④程伯纯：当指程颢（1032—1085）。字伯淳，原籍河南洛阳，生于湖北黄陂。历官泽州晋城令、太子中允、监察御史、镇宁军节度判官、宗宁寺丞等职。北宋大儒、理学家、教育家，北宋理学的奠基者。晋城：地名，今山西晋城。

⑤生物：活的动物。

⑥蜃：大蛤蜊。也有说为蜃龙，一种传说中的龙形动物。栖息在海岸或大河的河口。

⑦石蟹：指蟹的化石。

译文

治平年间，泽州有一户人家打井，在土中发现一样东西，形状蜿蜒如龙蛇。人们都害怕而不敢触碰。过了好久，见它不动，试探着拍打它，原来是石头。村民无知，于是把它打碎了。其时程伯纯为晋城县令，访求得到一段，鳞甲都像活物一样。大概是由蛇蜃化成的，如蟹的化石之类。

385.陆龙卷

题解

龙卷风是在极不稳定的天气下由空气强烈对流运动而产生的一种伴随着高速旋转的漏斗状云柱的强风涡旋。陆地龙卷风的破坏性极强，其经过之处，常常会拔起大树、掀翻车辆、摧毁建筑物，甚至将人畜吸走。沈括在本条中记载了一次陆地龙卷风的实况及其造成的灾害情况，其描述逼真而翔实，是我国气象史上不可多得的珍贵资料。

熙宁九年[①]，恩州武城县有旋风自东南来[②]，望之插天如羊角，大木尽拔。俄顷，旋风卷入云霄中。既而渐近，乃经县城，官舍、民居略尽[③]，悉卷入云中。县令儿女奴婢卷去，复坠地，死伤者数人，民间死伤亡失者不可胜计。县城悉为丘墟[④]，遂移今县。

注释

①熙宁：宋神宗赵顼的年号（1068—1077）。据李焘《续资治通鉴长编》卷二八三，此事发生于熙宁十年（1077）。

②恩州：州名，治所在今山东平原县西。武城：县名，今山东武城。

③略尽：全部毁坏。

④丘墟：废墟。

译文

熙宁九年，恩州武城县有旋风从东南方向袭来，望去直插云天，状如羊角，大树尽被拔起。顷刻间，旋风卷入云霄中。然后渐渐接近，于是经过县城，县城里的官舍、民居几乎被一扫而光，全部卷入了云霄中。县令的儿女和奴婢都被卷去，又坠落到地上，死伤了好几人。老百姓中死伤和失踪的不计其数。县城完全变成一片废墟，于是将县城迁移到现在的地方。

卷二十二　谬误（谲诈附）

“谬误”亦作“谬悮”，即“错误，差错”之义。谬误定义为同客观事物及其发展规律相违背的认识，是对客观事物本来面目的歪曲反映。而何为“客观事物及其发展规律”，何为“客观事物的本来面目”，需要作为认识主体的人去主观能动地进行认识和界定。因此，判断一个命题是否为谬误，取决于人的认识水平和周围环境。人的认识是一个极为复杂的活动，与作为主体的人密不可分，不同的人有不同的认识；又与科学、经济、文化等社会各个层面的发展水平紧密相关。以上两个因素决定了“谬误”并非完全与“真理”相对，“谬误”具有相对性、时代性、主观性。《梦溪笔谈》本门所记的各种“谬误”，就具有上述特点。有的是被谲诈之徒欺骗而无心犯下的错误，有的是因不了解情况或误解而造成的错误，有的是沿用旧习、不适应新情况导致的错误，有的是以是为非或以非为是造成的判断错误。凡此种种，读来有趣，思之有味。

389. 丁晋公之逐

题解

史载丁谓机敏智谋，多才多艺，但心术不正，做事“多希合上旨，天下目为奸邪”。《宋史·王曾传》将其与王钦若、林特、陈彭年、刘承珪合称为“五鬼”。丁谓的为人品性和心计权术从本条记载也可见一斑。

丁晋公之逐[①]，士大夫远嫌，莫敢与之通声问。一日，忽有一书与执政，执政得之不敢发，立具上闻。洎发之[②]，乃表也[③]，深自叙致，词颇哀切。其间两句曰：“虽迁陵之罪大[④]，念立主之功多。”遂有北还之命[⑤]。谓多智变，以流人无因达章奏，遂托为执政书，度以上闻，因蒙宽宥[⑥]。

注释

① 丁晋公：即丁谓（966—1037）。字谓之，后更字公言，江苏长洲县（今江苏苏州）人。宋真宗时官至宰相，共在相位七年，封晋国公，时人目为奸邪。仁宗即位后罢官，被贬崖州。

② 洎 jì：到，及。

③ 表：封建时代臣子给君主的奏章。

④ 迁陵：指宋真宗陵墓曾改换陵址修建事。真宗死后，丁谓尚为宰相，与雷允恭一起负责修建真宗永定陵，后曾改址却修建不成，复迁回原址。后

丁谓被贬斥，此亦为罪状之一。

⑤北还：指允许丁谓回内地居住（在崖州逾三年，徙雷州，又五年，徙道州）。

⑥宽宥：宽恕，原谅。

译文

丁晋公被放逐，士大夫远避嫌疑，没有人敢与他互通声息往来。有一天，忽然有他的一封信投给执政大臣，执政大臣收信后不敢打开，立即报告给了皇上。等到打开此信，才知道是给皇上的奏表，表中用尽心机委婉陈述自己的处境，言词非常哀伤恳切。其中有两句说："虽然迁移陵址之事罪大，还望念及辅佐皇上即位的功劳多。"于是有了允许他迁居内地的诏命。丁谓富于智术权变，因为流放之人是没有途径将私人章奏送到皇帝手上的，于是假托是写给执政的书信，估计执政会报告给皇帝，因此获得皇帝的宽恕。

395.包孝肃为吏所卖

题解

本条描写了一则吏人弄权行奸的作弊故事。吏人虽然地位低微，但其久与上司接触，早已摸透了上司的性情、偏好与行事方式。在这种情况下，即使上司是"号为明察""天性峭严"的包拯之辈，如果不事先警惕并多加留意，对自己平素的行事方式和弱点偏好多加警醒，也难免会落入奸诈之徒早已布好的圈套之中，而为小人所利用。

包孝肃尹京[①]，号为明察。有编民犯法当杖脊[②]，吏受赇[③]，与之约曰："今见尹，必付我责状[④]。汝第呼号自辩[⑤]，我与汝分此罪，汝决杖，我亦决杖[⑥]。"既而包引囚问毕，果付吏责状，囚如吏言，分辩不已。吏大声诃之曰[⑦]："但受脊杖出去，何用多言！"包谓其市权[⑧]，捽吏于庭[⑨]，杖之十七，特宽囚罪，止从杖坐[⑩]，以抑吏势。不知乃为所卖，卒如素约。小人为奸，固难防也。孝肃天性峭严[⑪]，未尝有笑容，人谓"包希仁笑比黄河清"[⑫]。

注释

①包孝肃：即包拯（999—1062）。庐州（今安徽合肥）人，以清廉公正闻名于世。曾任天章阁待制，人称"包待制"；后进为龙图阁直学士，故亦称"包龙图"。卒谥孝肃，赠礼部尚书。其廉洁公正、不攀附权贵，故有"包青天"及"包公"之名。尹京：为京城府尹。包拯曾任权知开封府之职。

②编民：编入户籍的平民。杖脊：以杖挞脊背，杖刑中最重的一种。

③赇 qiú：贿赂。

④责状：施行刑罚的判决书。

⑤第：但，只管。

⑥决：判决。
⑦诃 hē：同“呵”，怒责，呵斥。
⑧市权：越过职责权限。
⑨捽 zuó：揪住。
⑩杖坐：坐杖刑。古代定罪称“坐”，这里指由杖脊改为杖臀。
⑪峭严：严峻。
⑫黄河清：黄河水本浑浊。文中以“黄河清”比喻罕见之事。

译文

包孝肃为权知开封府时，以明察著称。有个平民犯法当受杖脊之刑，一个吏人受了他的贿赂，与他约定说：“今天府尹要提讯你，一定会把施行刑罚的判决书交给我。你只管呼天喊地地为自己辩解，我给你分担罪责，你被判打板子，我也被判打板子。”不久，包拯叫人押囚犯上堂审讯完毕，果然将施行刑罚的判决书交给吏人，囚犯按吏人的嘱咐，大声辩解不停。吏人大声呵斥说：“你只管滚出去受脊杖，何必啰唆！”包拯以为吏人越职，就令人将其揪到公堂上，杖打了十七板，而特地宽减了囚犯的罪行，只是判他受杖臀之刑，以抑制吏人的权势。其实包拯不知道已为吏人所卖，结果正与吏人与犯人事先的约定一样。小人做奸诈之事，本来是很难防范的。包孝肃天性严峻，从来没有笑容，人们都说“包拯笑比黄河清”。

399.车　渠

题解

本条记述了砗磲的类属、形状和功用，并在此基础上纠正了前人郑玄的一个错误认识。

海物有车渠[①]，蛤属也[②]，大者如箕，背有渠垄[③]，如蚶壳[④]，攻以为器，致如白玉[⑤]，生南海。《尚书大传》曰[⑥]：“文王囚于羑里[⑦]，散宜生得大贝[⑧]，如车渠，以献纣[⑨]。”郑康成乃解之曰[⑩]：“渠，车罔也[⑪]。”盖康成不识车渠，谬解之耳。

注释

① 车渠：即砗磲 chēqú。一种海生大型贝类，瓣鳃纲，砗磲科。我国主要产于海南岛、台湾及南海诸岛。大砗磲体形较大，长可达 1 米以上，壳很厚，可用来制作工艺品。我国古代典籍中，从春秋战国开始，就有许多关于砗磲的记载。

② 蛤 gé 属：这里泛指软体动物中的瓣鳃类或双壳类动物，俗称蛤类动物。

③ 渠垄：砗磲厚壳外表的凹入及隆起的部分。

④ 蚶 hān：软体动物，生活在浅海泥沙中，有两扇厚而坚硬的贝壳，壳上有瓦楞状突起。

⑤ 致：细密，细腻。

⑥《尚书大传》：也常简称为《大传》，对《尚书》的解释性著作，相传为西汉伏胜所著，目前只有后人辑本传世。

⑦ 文王：即周文王。姓姬名昌，殷时诸侯，西周奠基者，曾被商纣王囚于羑里。其子周武王姬发灭商建周时，追尊其为文王。羑 yǒu 里：古代地名，故址在今河南汤阴县北。

⑧ 散宜生：西周开国功臣，“文王四友”之一，在文王被商纣王囚禁后，想方设法贿赂纣王及其宠臣，赎出文王，后又辅佐武王伐纣灭商。

⑨ 纣：即帝辛，名受，后世人称纣王。商代最后的君主，因施暴政而被灭。

⑩ 郑康成：即郑玄（127—200）。字康成，北海高密（今山东高密）人。著述较多，今通行本《十三经注疏》中的《毛》注、《三礼》注，即为郑玄所注，为汉代经学的集大成者。

⑪ 车罔 wǎng：车轮周围的框子。罔，通“辋”。

译文

海里有种生物叫砗磲，属于蛤蜊一类。大的有如簸箕，背上有沟有垄，像蚶子的壳，人们将其加工成器皿，纹理细密，如同白玉。生于南海中。《尚书大传》说：“文王被囚禁于羑里，散宜生得一个大贝，如砗磲那么大，将其献给纣王。”郑康成竟解释为：“渠，就是车轮周围的框子。”大概康成不知道什么是车渠，因此作出了错误的解释。

卷二十三　讥谑（谬误附）

“讥谑”即“讥讽戏谑”，是笔记体著作常有的记事门类。本门所记多为士大夫圈内的名人轶事及幽默趣闻，他们大多受过良好的教育，生活经历和社会阅历也远较常人丰富，其间所谓的“讥谑”一般并非低俗的玩笑，而是在亦庄亦谐的氛围中暗含一定的事实或道理，这其实也与士大夫们通常的生活方式相符合。

401.石曼卿微行娼馆

题解

本条以一件小事表现了石曼卿的诙谐幽默与放荡不羁。

石曼卿为集贤校理[①]，微行娼馆[②]，为不逞者所窘[③]。曼卿醉与之校，为街司所录[④]。曼卿诡怪不羁，谓主者曰：“只乞就本厢科决[⑤]，欲诘旦归馆供职[⑥]。”厢帅不喻其谑[⑦]，曰：“此必三馆吏人也。”杖而遣之。

注释

①石曼卿：即石延年（994—1041）。字曼卿，一字

安仁，别号葆老子。祖居幽州（今北京一带），后迁居宋城（今河南商丘）南。

②微行：帝王或有权势者隐匿身份，易服出行或私访。

③不逞者：为非作歹的人。窘：为难。

④街司：即左右金吾街司。属卫尉寺，掌以军兵宿卫宫殿及巡逻街市等。录：登记处理。

⑤厢：宋代划分京城地区为若干厢，相当今日的区。科决：按规定的科条审理判决。

⑥诘旦：平明，清晨，指第二天早上。

⑦厢帅：厢的行政长官。

译文

石曼卿为集贤校理时，有一次私下去逛妓院，碰上几个为非作歹的家伙，被弄得很难堪。曼卿喝醉了，与这几个人争吵计较，结果被金吾街司的巡逻兵登记处理。曼卿为人诡异怪诞，放荡不羁，就对主事的说："只请求就在你们这里审理判决，我明天早晨还要回馆供职。"厢兵长官不明白他是在开玩笑，就说："此人必定是三馆的吏人。"因此处以杖责，将他放了。

404.热中允不博冷修撰

题解

本条记述了北宋朝廷官职名实的变迁，从一个侧面反映了北宋职官制度的繁杂冗重。

旧日官为中允者极少[①]，唯老于幕官者，累资方至，故为之者多潦倒之人。近岁州县官进用者多除中允，遂有“冷中允”“热中允”。又集贤殿修撰[②]，旧多以馆阁久次者为之，近岁有自常官超授要任未至从官者[③]，多除修撰，亦有“冷撰”“热撰”。时人谓“热中允不博冷修撰”[④]。

注释

①中允：官名，汉置，太子官属，又称中盾。南朝宋、齐称中舍人。唐贞观复改为中允，属詹事府，掌侍从礼仪，驳正启奏，并监药及通判坊局事。

②集贤殿：集贤殿书院。置学士、直学士，以宰相为知院事，有修撰、校理等官，掌刊辑经籍、搜求佚书。修撰：宋代文官高等贴职，级别在学士之下、直阁之上。

③常官：指常调官，即升迁时按正常程序授予相应职务的官员。从官：指皇帝的侍从官。宋代称学士至待制、给事中、六部尚书、侍郎为侍从官，亦称从官。

④博：换取。

译文

过去授予中允这一官职的人极少，只有久为幕职而不得提拔的官员，多次累积资历才能到达这一职位，所以担任此官职的多是潦倒不得志之人。近年州县官员被升职任用的多除授中允之职，于是有“冷中允”“热中允”之说。再就是集贤殿修撰，过去多以久任馆职而待缺提拔的人担任这一职务，近年来，有自常调官越级提拔担任要职而又未达到侍从官资格的人，多授予修撰职位，因此也有“冷修撰”“热修撰”的说法。时人说“热中允不换冷修撰”。

405.不识字更快活

题解

本条记载了一则围城式的趣闻。快活与否其实只是自我的一种感觉，他人是无法判定的。事务压身的情况下，自然期盼放松悠闲的愉悦；然而无事可做，又难免空虚无为的落寞。正所谓“子非鱼，焉知鱼之乐”。

梅询为翰林学士①，一日，书诏颇多②，属思甚苦③。操觚循阶而行④，忽见一老卒卧于日中，欠伸甚适⑤。梅忽叹曰：“畅哉！”徐问之曰⑥：“汝识字乎？”曰：“不识字。”梅曰：“更快活也！”

注释

①梅询（964—1041）：字昌言，宣州宣城（今安徽宣城）人。官至翰林学士、给事中。翰林学士：官名。唐玄宗开元初以张九龄、张说、陆坚等掌四方表疏批答、应和文章，号“翰林供奉”，与

集贤院学士分司起草诏书及应承皇帝的各种文字。德宗以后，翰林学士成为皇帝的亲近顾问兼秘书官，常值宿内廷，承命撰拟有关任免将相和册后立太子等事的文告，有“内相”之称。唐代后期，往往即以翰林学士升任宰相。北宋翰林学士仍掌制诰。

②书诏：草拟诏书。

③属思：构思。

④操觚 gū：拿着木简，文中指拿着纸笔。觚，古代用来书写的木简。

⑤欠伸：亦作“欠申”，打呵欠，伸懒腰。

⑥徐：缓慢地，慢慢地。

译文

梅询为翰林学士时，有一天，起草的诏书颇多，构思很是辛苦。他拿着纸笔沿着台阶行走，忽然看见一个老兵躺在太阳底下，打着哈欠，伸着懒腰，很是舒适。梅忽然叹道：“真是快活啊！”慢慢地问老兵道：“你识字吗？”老兵回答说：“不识字。”梅说：“那就更快活了。”

419.俗语为文

题解

词语的运用要注意语境，如果在严肃庄重的场合用轻浮谐趣之词，或者在日常俗语交谈中用书面的典雅用语，就会与环境不协调，容易产生笑料。本条所记就是一则这样的故事。

吴人多谓梅子为“曹公”[①]，以其尝望梅止渴也；又谓鹅为“右军”[②]，以其好养鹅也。有一士人遗人醋梅与焊鹅[③]，作书云：“醋浸曹公一甏[④]，汤焊右军两只，聊备一馔[⑤]。”

注释

① 曹公：曹操。曹操因位至三公而被人们称为曹公，又因为曹操有“望梅止渴”的典故，于是吴人便以“曹公”作为梅子的别称。

② 右军：王羲之。王羲之曾任右军将军，所以人称右军。王羲之喜欢鹅，后来人们就以“右军”作为鹅的别称。

③ 焊 xún：用开水烫后去毛。一说为用火烧熟。

④ 甏 bèng：瓮一类的器皿。

⑤ 馔 zhuàn：饮食，吃喝。

译文

吴地的人们多将梅子称为“曹公”，因为曹操曾有“望梅止渴”的典故；又把鹅称为“右军”，因为王羲之喜欢养鹅。有个读书人赠送给别人醋梅和烧鹅，就在信里写道：“醋泡曹公一坛，汤煮右军两只，权且为一顿饭食吧。”

卷二十四　杂志一

“杂志”即“杂记”。本门所记内容是作者认为不易归类的材料，故总汇于书末，而称为杂志。本门两卷共60条，是《梦溪笔谈》一书中条目最多的一门。所记内容丰富，虽居于书末，但材料的重要性并不低于其他各门，其中有些条目保存了极为重要的科技史料，如石油、海陆变迁、雁荡山、指南针、胆矾炼铜、边州木图等相关内容。除此之外，本门还有一些条目涉及当时的社会、文化、经济、民族交流等内容，是研究宋代历史的重要资料。

421.鄜延境内有石油

题解

石油在我国很早就被发现和利用了，古代称之为“石漆”，唐代称为“石脂水”，五代时称为“猛火油”等。但“石油”这一名称却是沈括最早提出的，一直沿用到现在。沈括用石油烟炱制墨，并预言：“此物后必大行于世。”现在，以石油为原料制取的碳黑，更加广泛地应用于制墨、油漆和橡胶等加工工业。沈括经过对陕北石油产地的调查研究，肯定我国“石油至多，生于地中无穷”，事实证明这一推断也是正确的。

鄜延境内有石油[①]，旧说“高奴县出脂水”[②]，即此也。生于水际，沙石与泉水相杂，惘惘而出[③]，土人以雉裛之[④]，乃采入缶中[⑤]。颇似淳漆[⑥]，然之如麻[⑦]，但烟甚浓，所沾幄幕皆黑[⑧]。余疑其烟可用，试扫其煤以为墨[⑨]，黑光如漆，松墨不及也[⑩]，遂大为之，其识文为“延川石液”者是也[⑪]。此物后必大行于世，自予始为之。盖石油至多，生于地中无穷，不若松木有时而竭。今齐鲁间松林尽矣[⑫]，渐至太行、京西、江南松山大半皆童矣[⑬]。造煤人盖未知石烟之利也[⑭]。石炭烟亦大[⑮]，墨人衣。余戏为《延州》诗云：“二郎山下雪纷纷，旋卓穹庐学塞人[⑯]。化尽素衣冬未老，石烟多似洛阳尘。”

注释

① 鄜 fū 延：路名，即鄜延路。宋代康定二年（1041）从陕西路分出一部分置鄜延路，治所在延州（后升为延安府），即今陕西延安。

② 高奴县：古县名，秦昭王时期，秦在延安一带置宝塔区，县治在今延安城东尹家沟，属上郡（郡治肤施，今陕西榆林市南）。东汉末年废。

③ 惘惘：石油与地下水混杂，缓慢涌出的样子。

④ 雉：野鸡。裛 yì：通“浥”yì，沾湿，文中是“用羽毛去沾取石油”的意思。

⑤ 缶：古代一种大肚小口的盛酒瓦器。

⑥ 淳：通“纯”。

⑦ 然：通“燃”。麻：麻类植物的总称，古代专指麻的一种，即大麻，在本文中可以理解为麻烛或麻秆。

⑧ 幄幕：帐篷。

⑨ 煤：烟熏所积的黑灰，即烟炱。

⑩ 松墨：即松烟墨，用松木烟炱制作的墨。

⑪ 识 zhì 文：这里指墨上所标注的文字。识，标记，标注。

⑫ 齐：周代诸侯国名，故地在今山东北部和河北东南部。鲁：周代诸侯国名，故地在今山东省兖州市东南至江苏省沛县、安徽省泗县一带，秦汉以后仍沿称这些地区为鲁。

⑬ 太行：太行山地区。京西：路名，即京西路，治所在今河南洛阳。童：秃顶，不长头发，也指山上不长草木，文中是指山上的树木被砍伐殆尽。

⑭ 造煤人：指用松烟灰制作黑墨的人。

⑮ 石炭：煤。

⑯ 旋卓穹庐：很快支起圆顶帐篷。塞人：指古代生活在塞外的游牧民族。

译文

鄜延路境内有一种石油，过去说“高奴县出产脂水”，就是这种东西。石油产生在水边，与沙石和泉水相混杂，慢慢地流出来，当地人用野鸡羽毛沾取它，采集到瓦罐里。这种油很像纯漆，燃起来像麻秆，但烟很浓，所沾染过的帐篷都变黑。我猜想这种烟可以利用，试着扫它的烟炱用来做墨，墨的光泽像黑漆，松墨都比不上它，于是就大量制造，给它标上名称，称为“延川石液”。这种墨以后必然广泛流行于世上，从我开始制作它。因为石油特别多，在地中产生，无穷无尽，不像松木有穷竭的时候。现在齐鲁一带的松林已经采完，就连太行山、京西、江南一带的松山，也大半都光秃秃的。制墨的人还不知道石油油烟用来制墨的好处。煤燃烧时产生的烟也很大，会将人的衣服熏黑。我开玩笑地作了一首《延州》诗：“二郎山下雪纷纷，旋卓穹庐学塞人。化尽素衣冬未老，石烟多似洛阳尘。”

427.蠊

题解

本条阐述了蠊的体型、颜色，说明该“蠊”即为“蠊首蛾眉”之“蠊”，并考证了福建的一种大蝇也是蠊类昆虫，具有一定的史料价值。

蛈蟟之小而绿色者[①]，北人谓之“蠊”[②]，即《诗》所谓“蠊首蛾眉”者也[③]，取其顶深且方也。又闽人谓大蝇为“胡蠊”，亦蠊之类也。

注释

①蜩蟟：蝉的一种。又称“蛁蟟”，实为“知了”之古称。

②螓 qín：一种形体短小而方头宽额的蝉。

③《诗》：即《诗经》。螓首蛾眉：出自《诗经·卫风·硕人》，指宽正的额头，弯弯的眉毛。形容女子容貌美丽。

译文

有一种形体短小的绿色的蝉，北方人称为“螓”，也就是《诗经》中所说的“螓首蛾眉”的“螓”，取其额头广且方正之意。此外，福建人称一种大蝇为“胡螓”，也是螓类昆虫。

433.雁荡山

题解

现代地质学研究表明，雁荡山是距今1.28亿年至1.08亿年前形成的一座流纹质古火山。六七千万年前，这里起伏不平的地面受风化和流水作用，形成较平坦的地面，以后在地壳运动影响下，上升为高达一千多米的山顶平坦山地。同时流纹岩的垂直裂缝受到风化和流水侵蚀作用，逐渐扩大加深成沟谷；而沟谷之间岩性坚硬的部分便相对地成为耸立于深谷之上的高峰。这样就形成了谷峰相映、山峦齐一的奇特景色。沈括在本条中通过对雁荡山地貌情况的实地考察，明确地提出了流水的侵蚀作用是形成雁荡诸峰的原因。他还把各地沟壑中的“植土龛岩”及“成皋、陕西大涧中，立土动及百尺”等现象与雁荡山对比，认为都是由“水凿”而成，这比西方形成类似的认识约早七百年。沈括在叙述雁荡诸峰时说，“从上观之，适与地平”，这个观察也是相当正确的。这种地貌现象，现代地貌学上称为“古夷平面”，它对研究和确定地貌的发育及分期至关重要。

温州雁荡山①，天下奇秀，然自古图牒②，未尝有言者。祥符中③，因造玉清宫④，伐木取材，方有人见之，此时尚未有名。按西域书⑤，阿罗汉诺矩罗居震旦东南大海际雁荡山芙蓉峰龙湫⑥。唐僧贯休为《诺矩罗赞》⑦，有“雁荡经行云漠漠，龙湫宴坐雨濛濛”之句⑧。此山南有芙蓉峰，峰下芙蓉驿，前瞰大海，然未知雁荡、龙湫所在，后因伐木，始见此山。山顶有大池，相传以为雁荡；下有二潭水，以为龙湫。又有经行峡、宴坐峰，皆后人以贯休诗名之也。谢灵运为永嘉守⑨，凡永嘉山水，游历殆遍，独不言此山，盖当时未有雁荡之名。予观雁荡诸峰，皆峭拔险怪，上耸千尺，穹崖巨谷，不类他山，皆包在诸谷中。自岭外望之，都无所见；至谷中则森然干霄⑩。原其理，当是为谷中大水冲激，沙土尽去，唯巨石岿然挺立耳。如大小龙湫、水帘、初月谷之类，皆是水凿之穴。自下望之，则高岩峭壁；从上观之，适与地平⑪，以至诸峰之顶，亦低于山顶之地面。世间沟壑中水凿之处，皆有植土龛岩[12]，亦此类耳。今成皋、陕西大涧中[13]，立土动及百尺，迥然耸立[14]，亦雁荡具体而微者[15]，但此土彼石耳。既非挺出地上，则为深谷林莽所蔽，故古人未见。灵运所不至，理不足怪也。

注释

①温州：州名，今浙江温州一带。雁荡山：著名风景区，位于今浙江乐清、平阳境内。文中指的是北雁荡山，在今乐清市境内，当时属于温州管辖。沈括于熙宁六年（1073）察访浙东时，曾到过雁荡山。

②图牒：图谱，图表，这里指地理方面的著作与图册。

③祥符：即大中祥符，宋真宗赵恒的年号（1008—1016）。

④玉清宫：玉清昭应宫的简称。宋真宗于大中祥符二年至七年（1009—1014）耗费巨资修建。

⑤按：根据。西域书：泛指有关佛教的著作。

⑥阿罗汉：梵语音译，圣者、得道者、尊者。诺矩罗：罗汉名，又作诺矩那。为佛教十六罗汉之第五，传说即阿罗汉具德经中之诺酤罗长者。震旦：古代印度人对我国的称谓。芙蓉峰：雁荡山峰之一，在雁荡山南部。龙湫 qiū：雁荡山著名瀑布，下有瀑布冲蚀而成的水潭。

⑦贯休（832—913）：原名姜德隐，婺州兰溪（今浙江兰溪）人。唐末诗僧，擅长书画，著有《禅月集》。

⑧经行：穿行、经过。宴坐：悠闲静坐，也称燕坐。

⑨ 谢灵运（385—433）：东晋陈郡阳夏（今河南太康）人。曾任永嘉太守，著名山水诗人，主要创作活动在南朝刘宋时代，中国文学史上山水诗派的开创者。永嘉：地名，东晋置永嘉郡，隋代置永嘉县，治所在今浙江温州。

⑩ 干 gān 霄：直入云霄。

⑪ 地：指与山峰高度齐平的周围高地。下文“地面”意同此。

⑫ 龛 kān 岩：布满像凹陷的佛龛似的岩石。龛，供奉佛像、神位等的小阁子。

⑬ 成皋：县名，治所在今河南荥阳汜水镇。陕西：路名，即陕西路，治所在今陕西西安。

⑭ 迥 jiǒng 然：突出的样子。迥，形容差别很大。

⑮ 具体而微：指成皋、陕西大涧中的“立土”好像雁荡诸峰的一个缩影。

译文

温州的雁荡山，是一座名闻天下的神奇秀丽的山，然而自古以来的地理图书中，却从未见有提及过它的。大中祥符年间，因为建造玉清宫，在这里伐木取材，才有人发现它，当时它还没有名气。按西域佛教书籍的记载，阿罗汉诺矩罗居住在中国东南大海边的雁荡山芙蓉峰下的龙湫。唐代僧人贯休所作的《诺矩罗赞》诗中，有“雁荡经行云漠漠，龙湫宴坐雨濛濛”的诗句。这座山的南面有芙蓉峰，峰下有芙蓉驿，前面俯瞰大海，然而不知道雁荡、龙湫在什么地方，后来因为伐木，才见到这座山。山顶有个大池，传说这就是雁荡；下面有两个水潭，这就是龙湫。又有经行峡、宴坐峰，都是后人用贯休的诗句为它们命名的。谢灵运曾为永嘉太守，凡永嘉一带的山水，都游历殆遍，却唯独不曾提及此山，大概当时还没有“雁荡”这个名称。我观察雁荡诸峰，都峭拔险怪，上耸千尺，高崖巨谷，不似他山，全都包藏在各个山谷中。自岭外望去，什么都看不见；到谷中则发现它们森然耸立，直冲云霄。推测其形成原理，应当是被山谷中大水冲击，沙土都被冲走，只剩下巨石岿然挺立在那里。如大小龙湫、水帘谷、初月谷之类，都是大水冲凿出来的坑穴。从下面仰望，是高岩峭壁；从上面看去，则与地面相平，以至于诸峰的峰顶，也低于山顶之外的地面。世上的沟壑被大水冲凿之处，都有直立的土龛和土崖，也属于这一类。如今成皋、陕西一带的大山涧中，直立的土崖动不动就达到上百尺高，高高地耸立着，也可说是雁荡山的一个缩影，只不过这里是土而那里是石头罢了。雁荡山既然不是挺立于地面上，被深山峡谷的莽莽丛林所掩蔽，那么古人没有发现此山，谢灵运不曾游历，按理也就不足为怪了。

437.指南针

题解

我国早在战国时期，就有人运用天然磁石制成“司南”以指示方向，这是世界上最早的指南装置。本条不仅记载了人工磁化铁针的方法，而且具体地比较了指南针的四种装置方法。更为难能可贵的是，沈括还指出指南针指向“常微偏东，不全南也”，这是对磁偏角现象的发现和描述，比西方同样的发现要早四百多年。

方家以磁石磨针锋[①]，则能指南，然常微偏东，不全南也。水浮多荡摇。指爪及碗唇上皆可为之[②]，运转尤速，但坚滑易坠，不若缕悬为最善[③]。其法取新纩中独茧缕[④]，以芥子许蜡[⑤]，缀于针腰[⑥]，无风处悬之，则针常指南。其中有磨而指北者。予家指南、北者皆有之。磁石之指南，犹柏之指西[⑦]，莫可原其理。

注释

①方家：原指道术修养精深的人，后来也泛指饱学之士或精通某一技艺的人。

②指爪：指甲。爪，指甲和趾甲的通称。碗唇：碗的边沿。

③缕：丝线，麻线。

④纩 kuàng：丝棉。独茧缕：单根的茧丝。

⑤芥子许：芥菜籽大小。

⑥缀：连接，拼合，文中指用蜡将茧丝粘到针腰（针的中段，即重心所在之处）上。

⑦柏之指西：古代有柏树生长向西偏的说法。

译文

方术家用磁石磨针尖，则针尖能指南，然而常常微微偏东，不完全指向正南方。将磁针浮在水上，则多摇荡，放在指甲上或碗边上也可以，转动速度特别快，但坚硬光滑容易坠落，不如用丝线悬挂起来最好。其办法是从新缫出的丝絮中取出单根茧丝，用芥末粒大小的一点蜡，将其粘缀于针腰上，在无风的地方悬挂，则针常常指南。其中也有磨过之后指北的。我家里指南指北的磁石都有。磁石指南的特性，犹如柏树的生长偏向西方，无法推究其中的道理。

442.闽中小核荔枝

题解

本条记载了福建栽培小核荔枝的方法，并将这一做法与“六畜去势”类比。据现今农业科学研究表明，这样的栽培方法可使植物旁根发达，便于吸收表土层的水分和养料，有利于提高荔枝的产量和质量，但并不能起到改良品种的作用。

闽中荔枝，核有小如丁香者[①]，多肉而甘，土人亦能为之。取荔枝木去其宗根[②]，仍火燔令焦[③]，复种之，以大石抵其根，但令傍根得生，其核乃小，种之不复牙[④]。正如六畜去势[⑤]，则多肉而不复有子耳。

注释

①丁香：指丁香荔枝，一种小核荔枝。宋代蔡襄《荔枝谱》记载："丁香荔枝，核如小丁香，树病者或有之……皆小实也。"可见这种荔枝核小，为患病产生的变异品种。

②宗根：主根。

③燔 fán：烧，烤。

④牙：同"芽"，发芽。

⑤去势：即阉割。势，雄性生殖器。

译文

福建地区的荔枝，核有小得像丁香荔的，肉多而甘甜，当地人也能种植这种荔枝。其办法是将荔枝树去掉主根，再用火烤焦主根，然后栽种，用大石头抵压住它的主根，只让侧旁根得以生长，这样长出来的荔枝核就小，但再种这种核就不再发芽。正如六畜被阉割去势后，就会多长肉而不再能繁殖后代。

445.芋梗治蜂毒

题解

本条记载了蜘蛛被蜂蜇伤后，自己寻找芋梗疗伤的故事。人和万物生于自然界中，依靠生物获得有益启示，自古及今是常有之事。随着科学技术的日益发展，仿生学现已成为一门独立且应用广泛的学科。今天的药理学研究成果表明，天南星科的植物带有碱性，而蜂毒含有酸性，芋梗的碱性可以中和蜂毒的酸性，由此可以达到疗伤的功效。

处士刘易隐居王屋山①，尝于斋中见一大蜂罥于蛛网②，蛛搏之，为蜂所螫坠地③。俄顷，蛛鼓腹欲裂，徐行入草。蛛啮芋梗微破④，以疮就啮处磨之，良久，腹渐消，轻躁如故。自后人有为蜂螫者，挼芋梗傅之则愈⑤。

注释

①处士：本指有才德而隐居不仕的人，后亦泛指未做过官的士人。刘易：忻州（今山西忻州）人。性耿介、刚烈，博学好古，隐居不仕，卒于治平末年。

②罥 juàn：悬挂。

③螫 shì：有毒腺的虫子刺人或动物。

④啮：咬。芋：属天南星目天南星科多年生草本植物。球茎富含淀粉及蛋白质，供菜用或粮用，亦可药用。俗称“芋奶”“芋艿”“芋头”。

⑤挼 ruó：揉搓。傅：附着，使附着。

译文

处士刘易隐居于王屋山，曾在房间内看到一只大蜂被蛛网挂住，蜘蛛搏击大蜂，反被大蜂螫刺而坠落地上。不一会儿，蜘蛛腹部肿胀起来，似乎要破裂，就慢慢爬到草丛中。蜘蛛将一条芋梗微微咬破，把疮口靠到芋梗咬破处摩擦，过了很长时间，其腹部的肿胀逐渐消了下去，又和先前一样轻便快捷。从那以后，人有被毒蜂蜇伤的，揉搓芋梗敷在伤口上就能痊愈。

卷二十五 杂志二

450.枳首蛇

题解

本条描述了宁国县一种外形奇特的蛇。根据沈括的描述，这种蛇不可能是生物变异导致的两个头都在一端的蛇，因为如果是变异的，不可能“数十同穴”。它是一种外形看上去像有两个头在两端的普通蛇类，称为钝尾两头蛇，我国浙江、安徽、江西、福建等很多地区均有分布。

宣州宁国县多枳首蛇[①]，其长盈尺[②]，黑鳞白章[③]，两首文彩同，但一首逆鳞耳。人家庭槛间[④]，动有数十同穴，略如蚯蚓。

注释

①宣州：州名，治所在今安徽宣城。宁国：县名，今安徽宁国市。枳首蛇：歧头蛇，两头蛇。一般认为指一种属游蛇科的无毒蛇，长约35厘米，尾部有与颈部相同的斑纹，似头，并有倒行的习性，俗称“两头蛇”。一般分布于我国长江下游及其以

南地区。

② 盈尺：一尺多。宋时一尺约合今 30.72 厘米。

③ 章：花纹。

④ 庭槛：庭院和门槛。

译文

宣州宁国县多有枳首蛇，长约一尺多，有黑色鳞和白色花纹，两个头的花纹颜色一样，但有一个头的鳞片是倒着的。人家庭院门槛之间，动辄有几十条同在一个洞穴中，和蚯蚓差不多。

455.胆矾炼铜

题解

本条所载内容可以用一个化学反应来描述，即硫酸铜和铁发生置换反应，生成铜和硫酸铁。除此之外，本条还描述了碳酸钙在弱碳酸溶液中溶解和析出的现象。用苦泉水在铁锅中熬胆矾炼铜，是湿法炼铜技术的起源。古人早在秦汉时期就发现了铁可以代替胆矾中的铜，例如西汉《淮南万毕术》一书中就记载有“白青得铁即化为铜”，《神农本草经》中记载有石胆“能化铁为铜”，白青和石胆都是硫酸铜。到了宋代，胆矾炼铜技术和铜的产量又有了大规模的发展和提高。湿法炼铜技术是金属化学和冶金技术方面的一个重要发现，沈括用五行学说解释这一现象是错误的。

信州铅山县有苦泉[1]，流以为涧，挹其水熬之，则成胆矾[2]，烹胆矾则成铜。熬胆矾铁釜[3]，久之亦化为铜。水能为铜，物之变化，固不可测。按《黄帝素问》有天五行、地五行[4]，土之气在天为湿，土能生金石，湿亦能生金石，此其验也。又石穴中，水所滴皆为钟乳、殷孽[5]；春秋分时，汲井泉则结石花；大卤之下[6]，则生阴精石[7]，皆湿之所化也。如木之气在天为风，木能生火，风亦能生火，盖五行之性也。

注释

①信州：州名，治所在今江西上饶。铅yán山：县名，在江西上饶西南，是宋代主要产铜地。

②胆矾：即今所称五水硫酸铜，化学式为 $CuSO_4 \cdot 5H_2O$。

③釜：古代的一种锅。

④《黄帝素问》：《黄帝内经》中有《素问》二十四卷，是现存最早的中医理论著作，相传为黄帝创作，大约成书于春秋战国时期。原来9卷，后经唐王冰订补，改编为24卷，计81篇，定名为《黄帝内经素问》，所论内容十分丰富，集医理、医论、医方于一体，突出阐发了古代的医学哲学思想，强调了人体内外统一的整体观念，从而成为中医基本理论的渊源。五行：金、木、水、火、土。

我国古代称构成各种物质的五种元素，古人常以此说明宇宙万物的起源、构成和变化，多用于哲学、中医学和占卜方面。

⑤ 钟乳、殷孽：“殷孽”亦作“殷蘖”。石灰岩在地下微溶于水，成碳酸氢钙溶液，流到地面，压力减小而分解成难溶于水的碳酸钙（石灰石），经蒸发滴聚而凝结，下垂的叫钟乳，上突的叫殷孽，通常叫石笋，中医可做药用。

⑥ 大卤：含盐量很高的溶液。

⑦ 阴精石：为硫酸盐类石膏族矿物石膏的晶体。

译文

信州铅山县有处苦泉，水流出来成为山间溪水，舀取其水煎熬就能熬成胆矾，再熬胆矾就能熬成铜。熬胆矾的铁锅，日子久了也变成铜。水能使之变成铜，物质的变化，的确无法推测。据《黄帝素问》，有天五行、地五行，土之气在天为湿，土能生金石，湿气也能生金石，水能生成铜的事例就是一个证明。另外在石穴中，水滴下来都能形成钟乳石、石笋；春分、秋分时节，打上井水能结成石花；含盐量很高的卤水之下，就能生成阴精石，这些都是湿气化成的。如同木之气在天是风，木能生火，风也能生火，这都是五行的本性。

461.江湖避风术

题解

我国古代劳动人民世代流传下的气象歌诀，大多有着长期的观测和实践基础。本条所描述的气象观测经验，符合现代的气象科学理论。据《梦溪笔谈》记载，沈括的天气预测很准确，曾受到宋神宗的重视，这与他注意总结民间的天气预测经验是分不开的。

江湖间唯畏大风。冬月风作有渐[①]，船行可以为备；唯盛夏风起于顾盼间，往往罹难。曾闻江国贾人有一术[②]，可免此患。大凡夏月风景[③]，须作于午后。欲行船者，五鼓初起[④]，视星月明洁，四际至地皆无云气，便可行，至于巳时即止[⑤]。如此，无复与暴风遇矣。国子博士李元规云[⑥]："平生游江湖未尝遇风，用此术。"

注释

①风作有渐：风是逐渐刮起来的。

②江国：河流多的地区，多指江南。贾人：商人。

③风景：指暴风刮起的景象。

④五鼓：古代夜间击鼓报更，分一夜为五更。五鼓即五更，约凌晨四五点时。

⑤巳时：相当于上午九时至十一时。

⑥国子博士：最高学府国子监中的学官名。

译文

在江河湖面上就怕大风。冬季的风是渐渐刮起来的，行船可以早作防备；只有盛夏的风是转瞬间就刮起的，行船的人往往会遇难。曾听说江南的商人有一种办法，可以避免此种祸患。大凡夏天的暴风刮起时，必发作于午后。要行船的人，夜间五更初刻起来，见天上星月明亮皎洁，四周天际直至地面都没有云气，便可出行，到了巳时就停下来。这样，就不会再遇上暴风了。国子博士李元规说："平生游历江湖，从来没有遇到过大风，用的就是这办法。"

462.大　蓟

题解

本条以具有地域特征的植物来探究地名的形成原因，虽然不一定正确，但立论有理有据，是一种严谨的科学研究态度，这在我国古代并不多见。

予使虏至古契丹界[①]，大蓟茇如车盖[②]，中国无此大者。其地名"蓟"，恐其因此也，如杨州宜杨、荆州宜荆之类[③]。"荆"或为"楚"，"楚"亦荆木之别名也。

注释

①使虏：虏，此指辽国。沈括在熙宁八年（1075）曾出使契丹辽国。

②大蓟：菊科多年生草木。茎直立，叶羽状，有刺。花紫红色或玫瑰色，偶有白色。中医以全草入药，有凉血、止血的功效。茇 bá：草木的根。

③杨州：即扬州，“杨”通“扬”。荆：亦称“楚”。落叶灌木，叶有长柄，掌状分裂，开蓝紫色小花，枝条可编筐篮等。

译文

我出使辽国至古契丹的地界，见到大蓟的根部大如车盖，在中原没有这么大的。该地以“蓟”为地名，恐怕就是因为这个缘故，如扬州适宜杨树生长、荆州适宜荆木生长之类。“荆”有时称为“楚”，“楚”也是荆木的别名。

472.边州木图

题解

我国古代很早就有了地理模型图的制作。如南朝宋代谢庄（421-466）的《木方丈图》，可分可合。沈括在前人工作的基础上，经过实地勘察，制成了立体的地理模型图，较为直观形象地表示出实地地形，这对于巩固边防、行军作战等非常重要。立体模型地图的制作是我国地图史上一个杰出的成就，据西方的记载，欧洲直到十八世纪才出现了类似的地图模型，比沈括的边州木图晚了七百多年。

予奉使按边，始为木图[1]，写其山川道路[2]。其初遍履山川[3]，旋以面糊、木屑，写其形势于木案上。未几寒冻，木屑不可为，又镕蜡为之。皆欲其轻，易赍故也[4]。至官所[5]，则以木刻上之[6]，上召辅臣同观，乃诏边州皆为木图，藏于内府[7]。

注释

①奉使按边：沈括在熙宁七年和八年（1074—1075）任河北西路察访使，曾巡视河北边防地区。

②写：描摹、模拟。

③遍履：普遍踏勘。

④赍 jī：携带。

⑤官所：指察访使的驻地。

⑥上之：献给皇帝。

⑦内府：指皇宫内库。

译文

我奉命出使巡查边境，开始制作木版地图，以摹绘边境的山川道路。起初先走遍了那里的山川，随后用面糊和木屑，将当地地形塑制在木案板上。没过多久，因为天冷冰冻，木屑不能制作了，又改用蜡来制作。这些都是为了使地图轻便，容易携带。回到官署，就雕刻成木版地图进献朝廷，皇上召集大臣一起观看，于是下诏各州边地都制作木版地图，收藏于皇宫内库。

477.诸葛亮能用度外人

题解

本条借用范仲淹的告诫，讲述了任人唯贤、任人唯能的重要性。只有不拘一格选用人才，做到人尽其才，物尽其用，方能成就大事业。

范文正常言[①]：史称诸葛亮能用度外人[②]。用人者，莫不欲尽天下之才，常患近己之好恶而不自知也[③]。能用度外人，然后能周大事[④]。

注释

①范文正：即范仲淹。常：通“尝”，曾经。

②诸葛亮：字孔明，琅邪阳都（今山东沂南）人。三国时著名政治家、军事家。度外人：不守法度之人，即有才能而犯过错误的人。一说为不合传统标准或与自己疏远、有不同意见的人。

③近己：迎合自己。

④周：完备，引申为成就、成功。

译文

范文正曾说：史书上说诸葛亮能任用有才能而犯过错误的人。凡是用人，无不希望天下人才皆为我所用，所以经常担心以个人好恶选用人而又不自知。能用犯过错误而又有才能的人，然后才能成就大事业。

479.校书如扫尘

题解

本条借用宋绶的一个形象比喻说明校勘书籍的重要性，使后人了解先贤做学问的严谨。

宋宣献博学①，喜藏异书，皆手自校雠②。常谓："校书如扫尘，一面扫，一面生。故有一书每三四校，犹有脱谬③。"

注释

①宋宣献：即宋绶（991—1040）。字公垂，赵州平棘（今河北赵县）人。北宋著名学者、藏书家，卒谥宣献。

②手：亲手。校雠 chóu：亦作"校仇"。一人独校为校，二人对校为雠。谓考订书籍，纠正讹误。

③脱谬：脱漏和错误。

译文

宋宣献学识渊博，喜欢收藏珍奇的书籍，对收藏的书都要亲手进行校勘。他常说："校书就如同清扫灰尘，一边扫除，一边产生。所以有时一本书经过三四次校勘之后，还是会有脱漏和错误。"

卷二十六　药　议

“药议”一门不同于一般的医理或医方书，仍与《梦溪笔谈》其他各门类似，为笔记体著述。所记内容大多针对前人论述进行阐释，或者阐述作者自己的独到看法，均非泛泛而论，而是内含一定的道理或哲理。本门与其他各门统成一体，重点在“议”而不仅仅在于“药”，作为中国古代农、医、天、算四类知识体系中的一个重要组成部分，本门的论述在中国古代医药知识体系中具有特定的价值和意义。

480.脏腑与药物、食物吸收

题解

沈括在本条首先驳斥了关于人体生理的错误说法，说明毛不能射入肝肺及“人但有咽有喉二者而已”。进而以此为基础，深入地论述了人体内药物和食物消化、分解、吸收的过程和相关理论。认为人体所吸收的只是食物、药物的精化气味，而那些不能被吸收的渣滓秽物，则被排泄出去，“所谓某物入肝、某物入肾之类，但气味到彼耳”，这种解释与现代的生理学观点较为接近。不过在本条中，沈括认为“喉则下通五脏”及“滓秽传入大肠，润湿渗入小肠”，并借助真气学说解释药物、食物的消化和吸收，这些与现代科学不符。

古方言云母粗服[1]，则著人肝肺不可去。如枇杷、狗脊[2]，毛不可食，皆云射入肝肺。世俗似此之论甚多，皆谬说也。又言人有水喉、食喉、气喉者，亦谬说也。世传《欧希范真五脏图》[3]，亦画三喉，盖当时验之不审耳[4]。水与食同嚥[5]，岂能就口中遂分入二喉？人但有咽有喉二者而已，咽则纳饮食，喉则通气。咽则嚥入胃脘[6]，次入胃中，又次入广肠[7]，又次入大小肠；喉则下通五脏，为出入息[8]。五脏之含气呼吸，正如冶家之鼓鞴[9]。人之饮食药饵，但自咽入肠胃，何尝能至五脏？凡人之肌骨、五脏、肠胃虽各别，其入肠之物，英精之气味皆能洞达[10]，但滓秽即入二肠[11]。凡人饮食及服药既入肠，为真气所蒸[12]，英精之气味以至金石之精者[13]，如细研硫黄、朱砂、乳石之类[14]，凡能飞走融结者[15]，皆随真气洞达肌骨，犹如天地之气，贯穿金石土木，曾无留碍；自余顽石草木[16]，则但气味洞达耳，及其势尽，则滓秽传入大肠，润湿渗入小肠，此皆败物，不复能变化，惟当退泄耳。凡所谓某物入肝、某物入肾之类，但气味到彼耳，凡质岂能至彼哉？此医不可不知也。

注释

①云母：硅酸盐类的矿物，主要是白色和黑色，能

分成透明薄片。中医用于入药。粗服：直接吞服。

② 枇杷：蔷薇科常绿小乔木，叶长圆形，花白色，冬花夏熟。实球形或椭圆形，味甜美，供生食，或制罐头食品。叶可入药，需去掉叶背的毛，有清肺和胃的功效。狗脊：蚌壳蕨科植物金毛狗脊去掉外面须根的干燥根茎。有清热解毒、杀虫散痛的功效。

③《欧希范真五脏图》：宋代的一部解剖学图书。北宋庆历年间，广西少数民族起义领袖欧希范及其党众被镇压，宜州推官吴简令州吏及画工解剖五十余人的尸体，画出五脏图，集为此书，今已失传。

④ 审：详细，周密。

⑤ 嚥：同“咽”。

⑥ 胃脘 wǎn：中医指胃的内腔。其上口叫上脘，中部叫中脘，下口叫下脘。文中应指胃的上脘。

⑦ 广肠：应指十二指肠。如果理解为乙状结肠和直肠，则此处文字当有错误。

⑧ 息：气息。

⑨ 冶家：以冶铸金属器物为生的人家。鼓鞴 bài：亦作“鼓韛”，皮的鼓风囊，如后世之风箱。

⑩ 英精之气味：精华的气味。

⑪ 滓秽：指人体不能吸收的渣滓秽物。

⑫ 真气：人体的元气，生命活动的原动力，由先天之气和后天之气结合而成。道教谓为“性命双修”所得之气。

⑬ 金石：指矿物药物。

⑭ 硫黄、朱砂、乳石：均为古人炼制丹药的重要材料，中医也用作药物。

⑮ 飞走融结：挥发流动融合。

⑯ 自余：其余。顽石草木：指食物及药物中精华的气味被元气蒸发之后剩余的粗劣部分。

译文

古代的医方说云母不经过加工就直接服用，便会附着到人的肝肺上而去不掉。就像枇杷和狗脊的毛不可食用一样，都说会进入肝肺。世俗类似这样的言论很多，都是错误的说法。又说人有水喉、食喉、气喉，也是错误的言论。世上流传的《欧希范真五脏图》，也画有三个喉，大概是当时检验得不仔细。水与食物一同下咽，怎么能在口中分开而咽入两个喉咙呢？人只是有咽有喉这两者而已，咽是用来接纳饮食的，喉则用来通气。咽下饮食则进入胃的上口，其次进入胃中，又其次进入广肠，又其次进入大小肠；喉则下通五脏，用来吸气和呼气。五脏包含气体而有呼有吸，正如冶铸金属器物的人所用的鼓风皮囊。人的饮食和服用的药物，只是从咽进入肠胃，怎么能到达五脏呢？大凡人的肌肉骨骼、五脏、肠胃虽各有分别，但凡是能进入肠的东西，它们精华的气味都能畅通无阻地到达身体各处，只有渣子秽物进入大小肠。人的饮食及服用的药物进入肠后，为人体的元气所蒸发，其精华的气味以及金石药物的精华成分，如精细加工过的硫黄、朱砂、钟乳石之类，凡是能够挥发流动融合的，都随着元气畅达肌肉和骨骼，就好像天地之气能贯穿金石土木等世间万物一样，一点都没有滞留和阻碍；其余的顽石草木之类，则只有气味畅通无阻，等到这点气味的功能也用尽，就变成渣滓秽物传入大肠，润湿则渗透进入小肠，这些都是废物，不再能转变消化，只能被排泄出去。凡是所说的某物入肝、某物入肾之类的话，只是气味到达了那些地方，普通的物质怎么能到达那些地方呢？这是医家所不能不知晓的。

485.采草药不可限以时月

题解

沈括在本条批评了采药固定在二月和八月的做法，辩证地分析了采草药必须考虑的各种因素，地势高低、植物品种、地理气候等条件不同，植物的生长期就会不同，应该根据对药物的不同要求和入药部分的生长情况来确定采摘时间。这不仅在药物学上，在古代物候学上也是卓越的认识。同时，沈括还指出，在其他自然条件相同的情况下，“粪溉者先芽”，“后种者晚实”，从而肯定了人为因素对植物发育生长的影响。

古法采草药多用二月、八月，此殊未当①。但二月草已芽，八月苗未枯，采掇者易辨识耳②，在药则未为良时。大率用根者③，若有宿根④，须取无茎叶时采，则津泽皆归其根[⑤]。欲验之，但取芦菔、地黄辈观[⑥]，无苗时采，则实而沉[⑦]；有苗时采，则虚而浮[⑧]。其无宿根者，即候苗成而未有花时采，则根生已足而又未衰。如今之紫草[⑨]，未花时采，则根色鲜泽；花过而采，则根色黯恶[⑩]，此其效也。用叶者取叶初长足时，用芽者自从本说[⑪]，用花者取花初敷时[⑫]，用实者成实时采。皆不可限以时月。缘土气有早晚[⑬]，天时有愆伏[⑭]。如平地三月花者，深山中则四月花。白乐天《游大林寺》诗云[⑮]："人间四月芳菲尽，山寺桃花始盛开。"盖常理也。此地势高下之不同也。如筀竹笋[⑯]，有二月生者，有三四月生者，有五月方生者，谓之晚筀；稻有七月熟者，有八九月熟者，有十月熟者谓之晚稻。一物同一畦之间，自有早晚，此物性之不同也[⑰]。岭峤微草[⑱]，凌冬不凋；并、汾乔木[⑲]，望秋先陨；诸越则桃李冬实，朔漠则桃李夏荣[⑳]。此地气之不同也。一亩之稼，则粪溉者先芽[㉑]；一丘之禾，则后种者晚实。此人力之不同也。岂可一切拘以定月哉？

注释

① 殊：很，非常。

② 采掇 duō：摘取，拾取。

③ 大率：大抵，大致。

④ 宿根：某些二年生或多年生草本植物的根。茎叶枯萎后可以继续生存，次年春重新发芽，所以叫作宿根。

⑤津泽：植物所含的汁液、养分。

⑥芦菔：即萝卜。一二年生草本植物。肉质直根呈圆锥、长圆锥、扁圆等形，肥厚多肉，白、绿、红或紫色等。叶大，总状花序，花白或浅紫色。原产中国，各地有栽培，是普通的蔬菜。根、叶、籽都可入药。地黄：药用植物。中医以根状茎入药。新鲜者称鲜地黄或鲜地，有清热生津的作用。干燥后称生地黄或生地，有养阴凉血的功效。经蒸制加工后称熟地黄或熟地，滋肾补精血之用。

⑦实：坚实，指果实饱满。

⑧虚：空，指果实不饱满。

⑨紫草：多年生草本植物。根粗大，紫色，叶互生，披针形，金缘，花白色，果实有四分果，粒状，根供染料及药用。沈括将紫草看作是没有宿根的植物是错误的。

⑩黯恶：灰暗难看。

⑪自从本说：自然应该依据这种说法。即在“二月草已芽”时采掇为宜。

⑫敷：铺开，摆开。

⑬缘：因为。土气：地气，指从泥土中蒸发上升的气体。

⑭愆 qiān 伏：谓阴阳失调，多指气候失常。

⑮白乐天：即白居易（772—846）。字乐天，号香山居士，唐代下邽（今陕西渭南）人。唐代著名诗人，新乐府运动倡导人之一。《游大林寺》：白居易于元和十二年（817）游庐山大林寺时所作。全诗为：“人间四月芳菲尽，山寺桃花始盛开。长恨

春归无觅处，不知转入此中来。”

⑯ 筀 guì 竹：竹名，《竹谱》作“桂竹”。谓高四五丈，大二尺围，状如甘竹而皮赤。

⑰ 物性：事物的本性，文中指植物本身的特性。

⑱ 岭峤：五岭的别称，文中泛指五岭地区。

⑲ 并：并州，治所在今山西太原。汾 fén：汾州，治所在蒲子城（今山西隰县）。

⑳ 朔漠：原指北方沙漠地带，有时也泛指北方。

㉑ 粪溉：施肥灌溉。

译文

传统的做法是采草药多在二月、八月，这十分不恰当。只不过二月草已发芽，八月植株未枯，采摘的人容易辨识罢了，在药性上却不是好时候。大抵用根入药的，如果有隔年老根，应该在没有茎叶的时候采摘，这时汁液都在根上。想验证这一点的话，只要观察一下萝卜、地黄一类就知道，无茎叶时采来的，就结实而沉甸甸的；有茎叶时采来的则空虚而轻飘飘的。那些没有隔年老根的，则等到茎叶长成而还没有开花的时候采摘，这时的根已经充分长成而又未衰退。如现在用的紫草，未开花时采摘，根的颜色就鲜亮有光泽；花谢了之后再采摘，根的颜色就灰暗难看，这就是证明。用叶入药的要在叶刚长得充分的时候采摘，用芽入药的，自然应该依据过去的说法，用花入药的要在花刚刚开放时采摘，用籽实入药的要在籽实成熟时采摘，这些都不可限定时月。因为地气有早晚，天时有变化失常。如平地三月开花的，在深山则四月开花。白乐天的《游大林寺》诗说："人间四月芳菲尽，山寺桃花始盛开。"这是常理，是由地势高下不同造成的。譬如筀竹笋，有二月份生的，有三四月份生的，有五月份才生的，叫作晚筀。水稻也有七月份成熟的，有八九月份成熟的，有十月份成熟的，叫作晚稻。同一种作物种在同一块地上，成熟都有早有晚，这是因为物性不同。五岭地区的小草，在隆冬季节也不凋零，并州、汾州的乔木，将近秋天就已先落叶；南方百越地区的桃李冬天结果，北方朔漠地区的桃李夏天开花。这是因为地气不同。同一田地里的庄稼，得到施肥灌溉的先发芽；同一丘陵上长大的谷物，后种的晚结实。这是因为人力不同。怎么能把一切都限制于固定的月份里呢？

488. 枸　杞

题解

沈括曾于北宋元丰三年（1080）任延州知州，并兼任鄜延路经略安抚使。因此本条应为作者亲身经历的实录，对于药物枸杞的选用具有一定的实用指导作用。后来中药所用的枸杞就采用了沈括所描述的品种，现在宁夏枸杞是唯一载入《2010年版中国药典》的品种。李时珍在《本草纲目》卷三十六的"枸杞"条中有与沈括相似的记载，并节录了本条的相关叙述。

枸杞[①]，陕西极边生者高丈余[②]，大可作柱，叶长数寸，无刺，根皮如厚朴[③]，甘美异于他处者。《千金翼》云[④]："甘州者为真[⑤]，叶厚大者是。"大体出河西诸郡[⑥]，其次江池间圩埂上者[⑦]。实圆如樱桃，全少核。暴干如饼，极膏润有味[⑧]。

注释

① 枸杞：茄科枸杞属落叶小灌木。果实称枸杞子，有补肝肾、强筋骨、润肝明目的功效。嫩叶称枸杞头。根皮称地骨皮，可入药，具有凉血除珍、清肺降火等功效。沈括这里指宁夏枸杞，其植株较高大，分布于宁夏、甘肃、青海、新疆、内蒙古等地，与一般的枸杞不是同种。

② 陕西：路名，即陕西路。极边：非常遥远的边境。

③ 厚朴：落叶乔木，又为观赏树。中医以树皮入药，性温味苦辛，功能温中、下气、燥湿，主治胸腹胀满、泻痢、痰饮、喘咳等症。花功用同而力较弱。

④《千金翼》：即《千金翼方》。唐代孙思邈撰，约成书于永淳二年（682）。是作者集晚年近三十年之经验，以补早期巨著《千金要方》之不足，故名翼方。为我国历史上重要的中医药典籍之一。

⑤ 甘州：唐代州名，治所在今甘肃张掖。西夏在甘州发迹崛起。

⑥ 河西诸郡：指汉时设置的酒泉、武威、张掖、敦煌、金城等五郡，宋时已取消郡的建置，这里是

沿用旧称，泛指黄河上游以西地区。

⑦江池间圩埂：江河湖泊的堤坝和田埂。

⑧膏润：肥厚润泽。

译文

枸杞，生长在陕西路遥远边境地区的高一丈多，大的能做柱子，叶有几寸长，没有刺，根皮如同厚朴，果实性味甘美而与其他地方所出产的不同。《千金翼方》记载："甘州的枸杞为真，叶片又厚又大的品种就是。"大体上出自河西诸郡地区，稍次一点的生长在江河湖泊间的堤坝和田埂上。果实浑圆如樱桃，很少有核。晒干后像饼一样，极为肥厚润泽且有滋味。

496.太阴玄精

题解

沈括在本条中对该太阴玄精晶体的晶形、色泽、透明度、解理以及加热后的变化等进行了详细的描述，并对比其他类似晶体进行了说明。在现代晶体物理研究中，人们依然普遍通过这些性质来进行矿物鉴定。

太阴玄精[1]，生解州盐泽大卤中，沟渠土内得之。大者如杏叶，小者如鱼鳞，悉皆六角，端正似刻，正如龟甲。其裙襕小撱[2]，其前则下剡[3]，其后则上剡，正如穿山甲相掩之处[4]，全是龟甲，更无异也。色绿而莹彻。叩之则直理而折[5]，莹明如鉴，折处亦六角如柳叶。火烧过则悉解折，薄如柳叶，片片相离，白如霜雪，平洁可爱。此乃禀积阴之气凝结，故皆六角。今天下所用玄精，乃绛州山中所出绛石耳[6]，非玄精也。楚州盐城古盐仓下土中又有一物[7]，六棱，如马牙硝[8]，清莹如水晶，润泽可爱。彼方亦名太阴玄精，然喜暴润，如盐碱之类，唯解州所出者为正。

注释

① 太阴玄精：石名，又称“鬼精”“龟精石”“太乙玄精石”“阴精石”“玄英石”等。以盐卤入土久积凝结而成，一般认为是硫酸盐类石膏族矿物石膏的晶体。

② 裙襕 lán：鳖甲边缘的肉质部分。撱 tuǒ：同“椭”，长圆形。

③ 下剡 yǎn：下削。这里指晶体的斜面而言，上边靠里、下边靠外称“下剡”，反之则称“上剡”。

④ 穿山甲：哺乳动物的一种，身上布满互相重叠的甲片。

⑤ 直理：直线纹理。

⑥ 绛州：州名，治所在今山西新绛。

⑦ 楚州：州名，治所在今江苏淮安。盐城：县名，今江苏盐城。

⑧ 马牙硝：即芒硝。一种晶体矿物，产于盐湖、干盐湖及水泉，也有粉化状态，中医常用。

译文

太阴玄精石，形成于解州盐泽含盐量很高的卤水中，在这里沟渠内的土中能够找到。大的如杏叶，小的如鱼鳞，全都是六角，端正得像是刻出来的，正面看上去像龟甲。其边缘部分呈长圆形，前端的斜面向下，后端的斜面向上，就像穿山甲的背甲与腹甲相互遮掩的地方一样，完全都是龟甲的形状，几乎没有差异。其颜色是绿的，晶莹而透彻。敲打它就会沿着笔直的纹理折断，透明得像镜子，而折断的地方也是像柳叶似的六角形。用火烧过，则会全部分解折断，薄如柳叶，片片分离，白如霜雪，平滑光洁可爱。这是禀受久积的阴气凝结而成的，所以都是六角。如今天下所用的玄精石，不过是绛州山中所出产的绛石，并不是玄精石。在楚州盐城古盐仓下面的土中还见到一种东西，六个棱，像马牙硝，清莹如同水晶，湿润而有光泽，非常可爱。那里的人们称其为“太阴玄精石”，然而这种东西容易露出地面受潮，如同盐碱之类，只有解州所出产的才是正宗的玄精石。

503.海　蛤

题解

我国古代自《神农本草经》始，就有关于海蛤药性的记载。不过由于蛤的种类极多，且外形随着生长有较多变化，很难辨认，所以历来对它们的命名很不一致，以致对海蛤究竟是哪一种蛤也众说纷纭。本条总结了前人的经验，认为“蛤之属，其类至多，房之坚久莹洁者皆可用，不适指一物”。这种解释是比较正确的，后世医书也多沿用了这一说法。

按，文蛤即吴人所食花蛤也[①]，魁蛤即车螯也[②]。海蛤今不识，其生时但海岸泥沙中得之，大者如棊子[③]，细者如油麻粒[④]。黄白或赤相杂，盖非一类。乃诸蛤之房[⑤]，为海水砻砺光莹[⑥]，都非旧质[⑦]。蛤之属，其类至多，房之坚久莹洁者皆可用，不适指一物[⑧]，故通谓之海蛤耳[⑨]。

注释

① 文蛤 gé：一种软体动物。壳略呈三角形，表面光滑，有斑纹，生活在沿海泥沙中。肉可食，又名花蛤。

② 魁蛤：蚶的别名。软体动物，介壳厚而坚实，生活在浅海泥沙中。肉可食，味鲜美，俗称“瓦垄子”“瓦楞子”。车螯 áo：亦作“车熬”，蛤的一种。外壳璀璨如玉，有斑点。肉可食，肉壳皆入药，自古即为海味珍品。

③ 棊子：棋子。棊，同“棋”。

④ 油麻：即芝麻。

⑤ 房：指贝壳。

⑥ 砻砺 lónglì：指冲刷磨砺。

⑦ 都非旧质：都不是原来的样子。

⑧ 不适指一物：不宜专指一种东西。

⑨ 通谓：通称。

译文

据考察，文蛤就是吴地人们所吃的花蛤，魁蛤就是车螯。现在不知道海蛤是什么东西，只是在其活着时可以在海边泥沙中找到，大的如同棋子，小的像芝麻粒。颜色为黄色、白色或与红色相互夹杂，恐怕不是一类。而各种蛤的外壳被海水冲刷磨砺得光滑晶莹，都不是原来的样子了。蛤这种东西，种类极多，外壳坚硬莹洁、时间长久的都能药用，不专指一种东西，所以通称为海蛤了。

补笔谈 卷一

515.检讨不试

题解

本条说明了馆职检讨不考试制度的由来，从一个侧面反映了宋代职官构成的繁杂。

旧制，馆职自校勘以上①，非特除者皆先试②，唯检讨不试③。初置检讨官，只作差遣④，未比馆职故也。后来检讨给职钱⑤，并同带职，在校勘之上，亦承例不试。

注释

①馆职：宋初沿袭唐代制度，置史馆、昭文馆、集贤院，合称三馆，都在崇文院内，后来又在崇文院内增建秘阁，另置官属，三馆和秘阁总称崇文院。三馆有直馆、直院、修撰、检讨等官，秘阁有直阁、校理等官，这些官都称为馆职，掌管三馆、秘阁典籍的编校。校勘：馆职官名，掌校订宫中藏书。三馆及秘阁校勘以上的官职有检讨、校理、直院、直馆等。宋代馆职从职能上可以分

为狭义的馆职与贴职两大系列。狭义的馆职是有具体职事的馆阁官，一般文士要经过考选才能授职，贴职则系由他官兼领的职名。馆阁职事官的人数主要依需要而定，贴职则没有具体规定。

②除：任命官职。

③检讨：馆职官名，掌修国史。

④差遣：宋代官员被派充的实际职务。宋代官职制度，一般官员都有“官”和“差遣”两个头衔，有的官还加有“职”的头衔。差遣是官员担任的实际职务，又称“职事官”。官只是说明他可以领取俸禄，而差遣才有实际的权力。官阶按年资升迁，即使不担任差遣，也可依阶领取俸禄；而差遣则根据朝廷的需要和官员的才能，进行调动和升降。所以真正决定其实权的不是官阶，而是差遣。至于“职”，一般指三馆（昭文馆、史馆、集贤院）和秘阁中的贴职官职。如大学士、学士、待制等，是授予较高级文臣的清高头衔，并非实有所掌。

⑤职钱：官吏在职时所得的俸钱。

译文

按过去的规定，馆职自校勘以上，除非特别任命的都要先经过考试，只有检讨一职不经过考试。这是因为起初设置检讨官，只是作为一种差遣职务，而并没有把此职列入馆职的缘故。后来检讨也加给职钱，与其他官带馆职的已没有区别，级别在校勘之上，仍旧沿承旧例不考试。

524.《史记》非“谤书”

题解

班固站在儒家的立场对《史记》进行评论，其论说可能有失偏颇。沈括不同意班固对《史记》的评论，认为“《史记》次序说论，皆有所指，不徒为之”，因此而指责司马迁“是非颇谬于圣贤”是不合适的。沈括的论述反映了其特有的史学观点，其不墨守前人旧说的治学态度值得后人学习。

班固论司马迁为《史记》①，“是非颇谬于圣人②，论大道则先黄老而后六经③，序游侠则退处士而进奸雄④，述货殖则崇势利而羞贫贱⑤，此其蔽也”。予按《后汉》王允曰⑥：“武帝不杀司马迁，使作谤书，流于后世⑦。”班固所论，乃所谓“谤”也。此正是迁之微意⑧。凡《史记》次序说论，皆有所指，不徒为之。班固乃讥迁“是非颇谬于圣贤”，论甚不慊⑨。

注释

① 班固（32—92）：字孟坚，扶风安陵人（今陕西咸阳东北）。史学家班彪之子，东汉史学家，著有《汉书》《白虎通义》等。司马迁（约前145或前135—约前87）：字子长，西汉夏阳（今陕西韩

城南）人，一说龙门（今山西河津）人。西汉著名史学家、文学家，著有《史记》。《史记》：司马迁撰写的中国第一部纪传体通史，是二十四史的第一部。全书分12本纪，10表，8书，30世家，70列传，共130篇，五十二万余字。记载了我国从传说中的黄帝到汉武帝太初四年长达3000年左右的历史。

②此处引文见班固所撰《汉书·司马迁传》的“赞”语。圣人：指孔子。

③大道：即古人所泛称的“道”，在哲学上一般指天地自然及社会治理的总根源或总规律。黄老：指传说中的黄帝和道家学派的创始人老子，这里指黄老学说。黄老学派假托黄帝的名义，引进法家学说，改造老子的道家思想，并兼采阴阳、儒、墨等诸家观点，形成一家之言。黄老思想的特点是“无为而治”，是汉初的流行思想。六经：儒家学派的经典：《诗》《书》《礼》《乐》《易》《春秋》，这里泛指儒家经典。

④退：贬低。进：突出。

⑤货殖：即《史记》中的《货殖列传》。专门记叙从事“货殖”活动的杰出人物的类传，也是反映司马迁经济思想和物质观的重要篇章。“货殖”是指谋求“滋生资货财利”以致富，即利用货物的生产与交换，进行商业活动，从中生财求利。司马迁所指的货殖，还包括各种手工业，以及农、牧、渔、矿山、冶炼等行业的经营。崇：推崇。羞：羞辱。

⑥ 王允（137—192）：字子师，太原祁（今山西祁县）人。东汉末年汉献帝大臣，先是设计杀董卓，不久为董卓故将所杀。

⑦ 此处所引王允之语见《后汉书·蔡邕传》，为王允欲杀蔡邕时所说。

⑧ 微意：隐藏之意，精深之意。

⑨ 慊 qiè：满足，满意。

译文

班固论司马迁撰写《史记》，认为“是非标准颇与圣人相违背，讨论天地大道时首先注重黄老之学然后才及于儒家经典，在叙述游侠时则贬低有志节的隐士而突出奸雄人物，在记述货殖时则推崇势利羞辱贫贱，这些都是司马迁观念上的局限性所在”。我查考《后汉书》记载王允说：“汉武帝不杀司马迁，使得他作出了一部诽谤的书，流传于后世。”班固所论说的就是所谓“诽谤”了。其实这正是司马迁的隐藏精深之意。大凡《史记》的叙述次序和叙述评论，都是有所指的，并不是没有目的随便这样做的。班固却指责司马迁“是非标准颇与圣贤多相违背”，这种议论非常不能令人满意。

539. 一弦稽琴格

题解

本条介绍了单弦稽琴形成的历史原因。由于偶然事件而导致新想法或新发现的产生，在历史上并不鲜见，不过这需要以充分的实践经验和理论认知为基础。

熙宁中宫宴[①]。教坊伶人徐衎奏稽琴[②]，方进酒而一弦绝，衎更不易琴，只用一弦终其曲。自此始为一弦稽琴格[③]。

注释

①熙宁：宋神宗赵顼的年号（1068—1077）。

②教坊：管理宫廷音乐的官署。专管雅乐以外的音乐、舞蹈及百戏的教习、排练、演出等事务。伶人：乐人。稽琴：古乐器名，又称胡琴、乡胡、奚琴，相传是北方少数民族创造的一种弓弦乐器。宋代陈元靓《事林广记》卷八中有记载，稽琴是拉弦乐器："稽琴本稽康所制，故名稽琴。二弦，以竹片轧之，其声清亮。"

③格：法式，标准。

译文

熙宁年间宫廷举行宴会，教坊乐人徐衎演奏稽琴。刚进酒时，一根琴弦断了，徐衎并没有换琴，只用一根弦演奏完了那支曲子。自此以后开始形成一根琴弦的稽琴标准。

补笔谈　卷　二

544.海　潮

题解

海潮是海洋中的潮汐现象，由于月球和太阳的引潮力作用，海洋水面发生周期性涨落。平均周期（即上一次高潮或低潮至下一次高潮或低潮的平均时间）约为 12 小时 25 分，这是由于月球的引潮力约是太阳引潮力的 2.2 倍，潮汐的发生主要受月球影响，因此大体上视月球运行情况而变化。沈括在本条中通过对海潮涨落规律的观察，指出潮汐现象与月亮运动的关系，提出了“月正临子午则潮生”的科学论断，纠正了那种认为潮汐是由太阳出没引起的错误观点。不仅如此，沈括还指出了潮汐时间与具体观察地点的关系，即所谓“潮候时差”问题，这比西方大约要早一个世纪。

卢肇论海潮①，以谓日出没所激而成，此极无理。若因日出没，当每日有常，安得复有早晚？予尝考其行节，每至月正临子午则潮生②，候之万万无差。此以海上候之，得潮生之时，去海远即须据地理增添时刻③。

月正午而生者为潮[④]，则正子而生者为汐[⑤]；正子而生者为潮，则正午而生者为汐。

注释

①卢肇（818—882）：字子发，江西宜春文标乡（现属分宜）人。唐会昌三年（843）状元，先后在歙州、宣州、池州、吉州做过刺史。这里所引语句，见于其《海潮赋》序："日激水而潮生，月离日而潮大。"

②月正临子午：通过地球某点包括地球自转轴在内的平面（即子午面）与天球的交线，称为该点的子午圈。由于地球自转，月亮每天两次通过子午圈。当月亮在天顶的半圈上时称月正午，在天底的半圈上时称月正子。由于月亮每天东移，它与太阳通过子午圈的时间就不一致。这也影响到海潮发生的时间，使海潮的高潮每天延后约50分钟。

③地理：指观测地点的地理位置。

④潮：指早潮。

⑤汐：指晚潮。

译文

卢肇论海潮，认为海潮是由太阳出没激荡而造成的，这种说法极其没有道理。如果是因为太阳出没，那么海潮的生成和退落每天都应该有固定的时间，又怎么会有早有晚呢？我曾经考察海潮的时间规律，每到月亮正处在子午圈上时海潮就会生成，对其进行观测万无差错。（这是从海上观测得到的海潮生成的时刻，如果离海较远，就须根据具体的地理位置增加时刻。）如果以月正午时所生成的叫作潮，那么月正子所生成的就是汐；如果以月正子所生成的叫作潮，那么月正午时所生成的就是汐。

557.老军校

题解

本条描述了一位老军校的经验和机智。在危殆时刻，老军校凭借自身丰富的经验沉着应对，及时建言，稳定了军心，最终使得城池化险为夷。

宝元元年[①]，党项围延安七日[②]，邻于危者数矣。范侍御雍为帅[③]，忧形于色。有老军校出，自言曰："某边人，遭围城者数次，其势有近于今日者。虏人不善攻，卒不能拔。今日万万无虞，某可以保任[④]。若有不测，某甘斩首。"范嘉其言壮，人心亦为之小安。事平，此校大蒙赏拔，言知兵善料敌者首称之。或谓之曰："汝敢肆妄言，万一不验，须伏法。"校笑曰："君未之思也。若城果陷，何暇杀我邪？聊欲安众心耳。"

注释

①宝元：宋仁宗赵祯的年号（1038—1040）。

②党项：亦称“党项羌”。古族名，西羌的一支。北宋时其族人李元昊称帝，建立以党项族为主的地方政权，史称西夏。延安：即永兴军路延州。宋元祐四年（1089），升延州为延安府。

③范侍御雍（981—1046）：范雍，字伯纯，河南洛阳人。屡为边帅，好谋而少成，官至资政殿大学士、礼部尚书，卒谥忠献。

④保任：担保。

译文

宝元元年，党项人包围延安七天，延安城几次濒临危境。侍御史范雍为边帅，面有忧虑之色。这时有个老军校站出来，自称：“我是边地人，多次遭遇围城困境，当时的形势有和今天相近的。党项人不善于攻城，最终不能攻下城池。现在万万不用担心，我可以担保，如果有意外，我甘愿被杀头。”范帅赞赏他的豪言壮语，一时人心也为之稍稍安定。战事平息之后，这位军校受到大力奖赏和提拔，谈起懂得军事、善于知晓敌情的人，都首先称道他。有人对他说：“你竟敢放肆胡言乱语，万一不应验，是要被处死的。”军校笑着说：“你没好好想想啊，如果城池果真被攻陷了，哪里还有时间杀我呢？只不过想安定众人的心思罢了。”

560.一举三役

题解

本条记载了丁谓在修复工程中，综合考虑取土、运材和处理废料三项工作，进行统筹安排，将三项工作完美结合，互为支撑，最终完美地完成了修复工程。这是运用运筹思想来解决建筑施工问题的一个生动案例。史载丁谓才智过人，但心术不正，怂恿皇帝大兴土木，耗费大量人力物力营建玉清昭应宫，这两方面由本条记载都可略见一斑。

祥符中[①]，禁火[②]。时丁晋公主营复宫室[③]，患取土远，公乃令凿通衢取土[④]，不日皆成巨堑[⑤]。乃决汴水入堑中[⑥]，引诸道竹木排筏及船运杂材[⑦]，尽自堑中入至宫门。事毕，却以斥弃瓦砾灰壤实于堑中[⑧]，复为街衢。一举而三役济[⑨]，计省费以亿万计。

注释

①祥符：即大中祥符，宋真宗赵恒的年号（1008—1016）。

②禁火：禁中失火。禁，皇帝居住的地方，即皇宫。据《宋史·真宗纪三》载："大中祥符八年夏四月壬申，荣王元俨宫火，延及殿阁内库。癸酉，命丁谓为大内修葺使。"

③丁晋公：即丁谓（966—1037）。字谓之，后更字

公言，江苏长洲县（今江苏苏州）人。宋真宗时官至宰相，共在相位七年，封晋国公。营复：营建修复。

④ 通衢 qú：四通八达的道路，这里指城中的主干道。

⑤ 堑：防御用的壕沟，护城河，这里指取土时形成的深沟。

⑥ 汴水：河流名，在今河南开封境内。

⑦ 诸道：指各地。

⑧ 斥弃：废弃。实：填塞。

⑨ 役：指某项工作。济：成就，成功。

译文

大中祥符年间，皇宫中发生火灾。当时丁晋公主持营建修复宫室，担心取土太远，于是下令凿开宫前的大道取土。没有几天，大道都成了巨大的壕沟。于是决开汴水引入壕沟中，使各地运送各种材料的竹排、木筏和船只，都从壕沟中运至宫门前。工程结束后，又以废弃的瓦砾灰土填塞到壕沟中，重新变为街道通衢。一举而三项工作同时办成，节省的费用以亿万计。

562.真迹与孤寒

题解

本条通过一件轶事揭露了当时社会的丑态，人们完全以对象地位的高低来确定自己的立场，趋炎附势，指假为真。在官本位占主导地位的中国封建社会，这种指鹿为马的故事不停上演着。

李学士世衡多藏书，有一晋人墨迹，在其子绪处。长安石从事尝从李君借去，窃摹一本，以献文潞公[①]，以为真迹。一日，潞公会客，出书画，而李在坐，一见此帖，惊曰：“此帖乃吾家物，何忽至此？”急令人归，取验之，乃知潞公所收乃摹本。李方知为石君所传，具以白潞公。而坐客墙进[②]，皆言潞公所收乃真迹，而以李所收为摹本。李乃叹曰：“彼众我寡，岂可复伸？今日方知身孤寒[③]。”

注释

① 文潞公：即文彦博（1006—1097）。字宽夫，号伊叟，汾州介休（今属山西）人。北宋政治家、书法家，累官中书门下平章事，封潞国公，卒谥忠烈。

② 墙进：指人多拥挤如墙。

③ 孤寒：孤单、清寒，引申为出身低微。

译文

学士李世衡多喜欢收藏书法，有一幅晋人墨迹在其子李绪那里。长安人石从事曾从李君那里借去，偷偷临摹了一本，将其献给文潞公，潞公以为是真迹。一天，潞公会客，向客人展示书画，而李世衡恰好在座，一见这幅字帖，吃惊地说：“这字帖是我家的东西，怎么忽然到了这里？”急忙叫人回去，取来查验，才知道潞公所收藏的是摹本。李世衡这才知道摹本是石从事传出去的，就把事情的原委告诉了潞公。而坐客一窝蜂拥上来，挤成人墙，都说潞公收藏的是真迹，而认为李世衡收藏的是摹本。李世衡于是感叹说：“他们人多，我只一人，还怎么能说清楚？今天才知道人微言轻啊。”

566.江南书画印记

题解

本条介绍了江南书画的印记，说明了“钟隐”二字的含义。后主自号“钟山隐士”，所以只有后主的亲笔绘画才有后主题写的“钟隐笔”三字。后人可以凭借这一线索，对世上流传的李煜绘画的真伪进行鉴别。

江南府库中[①]，书画至多，其印记有“建业文房之印”“内合同印”。“集贤殿书院印”以墨印之，谓之“金图书”，言惟此印以黄金为之。诸书画中，时有李后主题跋[②]，然未尝题书画人姓名，唯钟隐画，皆后主亲笔题“钟隐笔”三字。后主善画，尤工翎毛[③]。或云：“凡言‘钟隐笔’者，皆后主自画。”后主尝自号“钟山隐士”，故晦其名谓之“钟隐”，非姓钟人也。今世传钟隐画，但无后主亲题者，皆非也。

注释

① 江南：路名，即江南路。治所在江宁府（今江苏南京），辖境相当于今江西省全省，江苏省长江以南，镇江、大茅山、长荡湖一线以西和安徽省长江以南部分以及湖北省阳新、通山等县地。一说“江南”指十国时期的南唐王朝。

② 李后主：即李煜（937—978）。南唐末代国君，961—975 年在位，著名词人。开宝八年（975），宋军破南唐都城，李煜降宋，被俘至汴京，后被毒死。题跋：题，指写在书籍、字画、碑帖等前面的文字；跋，指写在书籍、字画、碑帖等后面的文字，总称“题跋”。内容多为品评、鉴赏、考订、记事等。

③ 翎毛：指以鸟兽为题材的中国画。

译文

江南路的府库中，收藏有很多书画，其印记有“建业文房之印”“内合同印”等。其中“集贤殿书院印”是以黑墨印在书画上的，称之为“金图书”，说的是只有此印是用黄金铸造的。各种书画中，时常会有李后主的题跋，然而都不曾题写书画人的姓名，只是钟隐的画，都有后主亲笔题写的“钟隐笔”三字。后主擅长绘画，尤其工于鸟兽题材。有人说：“凡是题写有‘钟隐笔’的，都是后主自己画的。”后主曾自号为“钟山隐士”，所以隐藏自己的真名而称为“钟隐”，并非指姓钟的人。现在世上所传的钟隐画，只要没有后主的亲笔题“钟隐笔”的，都不是真品。

568.古器有曲意

题解

本条通过对鬲和古铜香炉这两种古代器物在形制和功用方面的说明，指出古人制造器物“率有曲意”，批评了时人师心自用，不遵守前人标准而随意更改的错误做法。当然，沈括并不是要求人们墨守成规，他所反对的是不经调查研究就以浮浅不负责任的态度改变古人流传下来的优良传统，从而导致各种“奇衺浅陋”的技艺和学问产生。这种思想在今天仍具有一定的现实意义。

古鼎中有三足皆空、中可容物者[①]，所谓“鬲”也[②]。煎和之法[③]，常欲湆在下[④]，体在上[⑤]，则易熟而不偏烂。及升鼎，则浊滓皆归足中。《鼎卦》初六:“鼎颠趾，利出否[⑥]。”谓浊恶下，须先泻而虚之。九二阳爻，方为“鼎实”[⑦]。今京师大屠善熟彘者[⑧]，钩悬而煮，不使著釜底，亦古人遗意也。又古铜香炉[⑨]，多镂其底[⑩]，先入火于炉中，乃以灰覆其上，火盛则难灭而持久。又防炉热灼席，则为盘荐水[⑪]，以渐其趾[⑫]，且以承火炧之坠者[⑬]。其他古器，率有曲意[14]，而形制文画，大概多同。盖有所传授，各守师法，后人莫敢辄改。今之众学[15]，人人皆出己意，奇衺浅陋[16]，弃古自用，不止器械而已。

注释

①鼎：古代烹煮用的器物，一般是三足两耳。

②鬲 lì：古代炊具，形状像鼎而足部中空。

③煎和：烹调，煎煮调味。

④湆 qì：肉汁。

⑤体：指肉块。

⑥此处所引为《易经·鼎卦》初六爻的爻辞。《易经》六十四卦每卦由六爻组成，每爻有说明的爻辞。“鼎卦”自下而上各爻分别称为初、二、三、四、五、上。阳爻称“九”，阴爻称“六”。“鼎卦”初爻为阴，故称“初六”。本句意思为：将鼎足倒过来，利于倒出脏物。否：恶，指不洁之物。

⑦鼎实：《鼎卦》九二爻辞原作“鼎有实”，指鼎中放入了烹煮之物。

⑧善熟彘 zhì 者：善于煮肉的。彘，猪，此指猪肉。

⑨铜香炉：此指古人在室内燃香饼以取香味的一种熏香炉，三足有盖。香饼用香料掺在炭末及其他添加剂中做成，可以佩戴，也可以燃烧。

⑩镂：镂空，挖出孔洞。

⑪荐：指盛上。

⑫渐 jiān：浸泡。

⑬灺 xiè：燃烧物燃烧后剩余的部分。

⑭ 曲意：曲折委婉的用意。

⑮ 众学：泛指各种专门学问、技艺。

⑯ 衺 xié：同“邪”。

译文

古鼎中有三足皆为空心而其中可以容纳东西的，这就是所说的“鬲”。烹煮肉食的方法，总是希望汤汁在下面，肉块在上面，这样就容易煮熟而又不会一边烂、一边不烂。等到出鼎取出煮熟的肉块时，浊物渣滓都落到鼎足中。《鼎卦》的初六爻辞说：“将鼎足颠倒过来，便于倒出不洁之物。”这是说浊物污秽在下面，必须先把它倾泻掉，将鼎足清空。所以《鼎卦》的九二阳爻，爻辞才说“鼎中有了烹煮之物”。如今京师有名的屠夫善于烹熟猪肉的，都是用钩子悬挂着烹煮，而不让它附着于锅底，这也是古人流传下来的方法。此外，古代的铜香炉，大都底部镂空，使用时先将燃烧的香饼放入炉中，再以灰覆盖在上面，这样火旺后就不容易熄灭而能燃烧得久。又为了防止香炉烧热后烤坏席子，就在炉下放一个盛水的托盘，将香炉足浸入水中，而且用这个托盘来承接掉下来的灰烬。其他古器物，大略都有曲折委婉的用意，而形制和花纹，大抵相同。这些都是古人传授下来的，各自都遵循先前的标准，后人没有敢随意更改的。今天的众多学问和技艺，人人都按照自己意思，于是离奇不正，浅薄而又丑陋，放弃传统，师心自用，这不仅仅是在器物的制作上这么简单。

补笔谈　卷　三

588.磁针有指北者

题解

任何天然磁石都有南北两极，分别以不同的两极磨针尖，针尖就会指示相反的方向。沈括类比推论认为“南北相反，理应有异”，无疑是正确的。

以磁石磨针锋，则锐处常指南，亦有指北者，恐石性亦不同。如夏至鹿角解[①]，冬至麋角解[②]。南北相反，理应有异，未深考耳。

注释

①解：脱落。

②麋 mí：哺乳动物，雄的有角，俗称四不像。

译文

用磁石磨针尖，则针尖的一端常常指向南方，也有指向北方的，恐怕是磁石的性质有所不同。如夏至鹿角脱落，麋角却在冬至脱落。南、北的方向相反，磁石磨过的针尖指南或指北应该有不同的道理，不过未曾深入探究罢了。

589.河　豚

题解

本条所引《本草》中所记的河豚，从性味和功能来看，并非鲍鱼，确是河豚，但言其无毒，则是错误的。因为河豚有毒能致人死亡，沈括于是反复列举了河豚的各种地方别名，区别了河豚与其他鱼类的不同，记载了其形态、习性及捕捉方法，纠正了药书的错误，告诫人们深以为戒。这种实事求是的科学态度和体恤人命的济世情怀令人称道。

吴人嗜河豚鱼[①]，有遇毒者，往往杀人，可为深戒。据《本草》[②]："河豚，味甘温，无毒，补虚，去湿气，理脚腰。"因《本草》有此说，人遂信以为无毒，食之不疑，此甚误也。《本草》所载河豚，乃今之鲀鱼[③]，亦谓之"鮠五回反鱼"，非人所嗜者，江、浙间谓之"回鱼"者是也。吴人所食河豚，有毒，本名"侯夷鱼"。《本草注》引《日华子》云[④]："河豚，有毒，以芦根及橄榄等解之。肝有大毒。又为'鲀鱼''吹肚鱼'。"此乃是侯夷鱼，或曰胡夷鱼，非《本草》所载河豚也，引以为注，大误矣。《日华子》称又名"鲀鱼"，此却非也，盖差互解之耳[⑤]。"规鱼"，浙东人所呼。又有生海中者，腹上有刺，名"海规"。"吹肚鱼”，南人通言之，以其腹胀如吹也。南人捕河豚法，截流为栅，待群鱼大下之时，小拔去栅，使随流而下，日暮猥至[⑥]，自相排蹙[⑦]，或触栅则怒，而腹鼓浮于水上，渔人乃接取之。

注释

①河豚：产于咸水淡水交接的河里，小口大腹，体圆筒形，卵巢、肝脏、血液均有毒素。文中提到的侯夷鱼、胡夷鱼、规鱼、海规、吹肚鱼，都是这种鱼。

②《本草》：这里指宋开宝年间（968—975）刘翰、马志等撰写的《开宝本草》。

③鮰 huī 鱼：其体前部平扁，后部侧扁，浅灰色，无鳞，眼小，口有四对须，尾分叉，身长可达三四尺。生活于江河中，可食用。

④《日华子》：《日华子诸家本草》的简称，著作年代不详，作者说法不一。为诸家本草结合当时所常用的药物编纂而成，对每种药的性状、功用叙述比较全面。该书早已散佚，但其内容可从《证类本草》《本草纲目》中见到。

⑤差互解：相互混用而造成错误解释。

⑥猥 wěi：众，多。

⑦排蹙 cù：拥挤。

译文

江浙一带的人嗜好吃河豚鱼，有中毒的，往往会导致人死亡，应该深以为戒。据《本草》记载："河豚鱼，味甘温，无毒，补虚，去湿气，理脚腰。"因《本草》有这样的说法，人们就相信河豚无毒，食用而不加怀疑，这是个很大的错误。《本草》所记载的河豚，指的是今天的鲄鱼，也称"鮠（五回反）鱼"，并不是人们所嗜好的河豚，而是江、浙一带所谓的"回鱼"。吴人所吃的河豚有毒，本名"侯夷鱼"。《本草注》引《日华子》说："河豚，有毒，以芦根及橄榄等解之。肝有大毒。又为'鲄鱼''吹肚鱼'。"这里说的是侯夷鱼，或叫胡夷鱼，不是《本草》所记载的河豚，引来作为注解就大错特错了。《日华子》说这种鱼又名"鲄鱼"，这却是不对的，大概是相互混用而造成错误解释。浙东人称呼这种鱼为"规鱼"；又有生于海中的一种鱼，腹上有刺，叫作"海规"。南方人一般称之为"吹肚鱼"，因为它腹部能膨胀，就像吹起来的一样。南方人捕捉河豚的方法，是拦截河流设置栅栏，等到成群的鱼大批游下来时，稍微提起栅栏，使鱼群随流而下，黄昏时候众鱼群至，自相排挤，有的接触到栅栏就会发怒，于是腹部鼓胀地浮在水面上，渔人便将它们捞取上来。

595.黄镮

题解

本条介绍了黄镮的形状、花色、功用等，指明黄镮、朱藤、紫藤为同一种植物名称，并提供了宋代已经能将紫藤嫁接到槐树上的记载。

黄镮[①]，即今之朱藤也[②]，天下皆有。叶如槐，其花穗悬，紫色，如葛花。可作菜食，火不熟亦有小毒。京师人家园圃中作大架种之，谓之“紫藤花”者是也。实如皂荚[③]。《蜀都赋》所谓“青珠黄镮”者[④]，黄镮即此藤之根也。古今皆种以为亭槛之饰[⑤]。今人采其茎，于槐干上接之，伪为矮槐。其根入药用，能吐人[⑥]。

注释

①黄镮 huán：也作“黄环”，紫藤的古称。豆科，木质藤本，奇数羽状复叶，春季开花，蝶形花冠，青紫色，荚果像皂荚。产于我国中部，广为栽培，供观赏。

②朱藤：紫藤。

③皂荚：落叶乔木。枝干上有刺，开淡黄色花，结荚果。荚果富胰皂质，可去污垢。荚果、树皮和刺均可入药，有祛痰功能，也称皂角。

④《蜀都赋》：晋朝文人左思的《三都赋》之一。赋中有一段谈蜀地药材丰富，有“……百药灌丛，寒卉冬馥。异类众伙，于何不育？其中则有青珠黄镮，碧砮芒消……”等句，青珠、黄镮、碧砮、芒消都是药材名。

⑤亭槛：亭子的栏杆，借指亭子、庭园。

⑥吐人：使人呕吐。

译文

黄镮，也就是现在人们所说的朱藤，各地都有。它的叶子像槐树叶，花呈穗状挂在枝条上，紫色，像葛藤的花。可以用来做菜，如果烧得不熟，也会有微毒。京城人家的庭院花园里，常常搭起高大的架子来栽种黄镮，叫作“紫藤花”的，就是这种植物。它的果实像皂荚。《蜀都赋》中所说的“青珠黄镮”，那黄镮指的就是这种藤的根。古今都栽种这种植物以用作庭园的装饰。现在还有人截取它的枝干嫁接到槐树干上，伪装似为矮槐树。它的根可以入药，有让人呕吐的功用。

续笔谈

599.鲁肃简公劲正

题解

本条赞扬了鲁宗道抛弃个人私怨而为国家着想的美好品质。他并不因为与曹利用有矛盾，看到其被贬谪就幸灾乐祸，而是从大局出发，认为曹利用罪不至此，并一再追问有无挽回之可能，最后甚至为他的不公平遭遇而“遽觉气塞”，以致当晚死去。这种“劲正，不徇爱憎”的道德情操当为后世为官当政者所秉持。

鲁肃简公劲正[①]，不徇爱憎，出于天性。素与曹襄悼不协[②]，天圣中因议茶法[③]，曹力挤肃简，因得罪去。赖上察其情，寝前命[④]，止从罚俸；独三司使李谘夺职[⑤]，谪洪州[⑥]。及肃简病，有人密报肃简，但云“今日有佳事”。鲁闻之，顾壻张昷之曰[⑦]：“此必曹利用去也。”试往侦之，果襄悼谪随州[⑧]。肃简曰：“得上殿乎？”张曰：“已差人押出门矣。”鲁大惊曰：“诸公误也。利用何罪至此？进退大臣，岂宜如此之遽[⑨]！利用在枢密院[⑩]，尽忠于朝廷，但素不学问，倔强不识好恶耳，此外无大过也。”嗟叹久之，遽觉气塞。急召医视之，曰："此必有大不如意事动其气，脉已绝，不可复治。"是夕，肃简薨。李谘在洪州，闻肃简薨，有诗曰："空令抱恨归黄壤，不见崇山谪去时[11]。"盖未知肃简临终之言也。

注释

①鲁肃简公：即鲁宗道（966—1029）。字贯之，亳州谯（今安徽亳州）人。历官至参知政事。为人耿直敢言，卒谥肃简。

②曹襄悼：即曹利用（971—1029）。字用之，宁晋（今属河北）人。武人出身，真宗时官至枢密使、同平章事。慷慨有志操，曾受宋真宗之命至辽军议定和议，后以勋臣自居，在位久，颇恃功逞威，然每抑宦官、贵戚、宗室子弟的法外请赏，由是结怨。宋仁宗即位后，以他事罢知随州，后又谪房州安置，半道被押送的内侍侵逼，自缢而死，后谥襄悼。

③天圣：宋仁宗赵祯的年号（1023—1032）。

④寝前命：中止或罢撤以前的成命。

⑤李谘（968—1036）：字仲询，唐太宗第三子之孙李垣之后。新喻（今江西新余）人，累官权三司使、知枢密院事等，卒谥宪成。

⑥洪州：州名，治所在今江西南昌。

⑦壻：同"婿"。张昷wēn之：字景山，宋城（今河南商丘）人，官至光禄卿。

⑧随州：州名，治所在今湖北随州。

⑨ 遽 jù：急，仓猝。

⑩ 枢密院：官署名，宋代与中书省分掌军政，号为“二府”。

⑪ 崇山：此用《尚书·舜典》“流共工于幽州，放驩兜于崇山”之语。驩兜是中国古代传说中的三苗族首领，传说因为与共工、鲧一起作乱，而被舜流放至崇山。

译文

鲁肃简公为人刚正，行事不依循个人爱憎，这是出于他的天性。他一向与曹襄悼关系不融洽，天圣中曾因讨论茶法，曹极力排挤肃简，因此导致肃简获罪而被罢职。不过随后幸亏皇上察觉实情，中止了先前的成命，仅给了他扣罚俸禄的处分；只有三司使李谘被免职，贬到了洪州。等到肃简在病中时，有人秘密地告诉他，只说“今天有好事”。鲁听到消息后，回头对女婿张昷之说：“这一定是曹利用要被罢官了。”试着派人前去打听，果然是曹利用被贬至随州。肃简说：“皇上召见他了吗？”张说：“已经派人把他押出门了。”鲁大惊说：“大臣们都错了。利用的罪过怎么能到这地步？升迁或罢免大臣，怎么能这么仓促！利用在枢密院，尽忠于朝廷，只是向来不好学问，倔强而不识好歹，除此之外，并无大的过错。”嗟叹了好一阵子，突然觉得不能呼吸。急忙请医生来看，医生说：“这一定是有大不如意的事触发了他的怒气，现在气脉已断绝，没法再治。”当天晚上，肃简去世。李谘在洪州，听说肃简去世，写了一首诗说："空令抱恨归黄壤，不见崇山谪去时。"他大概还不知道肃简临终前说的话啊。

609.王荆公戏改韩退之诗

题解

韩愈诗句的字里行间透出消极悲观的低落情绪，经王安石改动后，不减一字，只是调整了文字顺序，却变得诙谐、风趣而又达观。沈括曾记载王安石善为集句诗，由本条观之，其改诗的功力也颇为高明。

韩退之诗句有"断送一生唯有酒"[①]，又曰"破除万事无过酒"[②]。王荆公戏改此两句为一字题四句曰[③]："酒，酒，破除万事无过，断送一生唯有。"不损一字[④]，而意韵如自为之[⑤]。

注释

① 韩退之：即韩愈（768—824）。字退之，祖籍河南省邓州市，又称韩昌黎。唐代著名文学家，唐宋八大家之一，晚年任吏部侍郎，谥号"文"，又称韩文公。该处引文出自韩愈诗《游城南十六首·遣兴》：断送一生惟有酒，寻思百计不如闲。莫忧世事兼身事，须著人间比梦间。

② 该处引文出自韩愈诗《赠郑兵曹》："尊酒相逢十

载前，君为壮夫我少年。尊酒相逢十载后，我为壮夫君白首。我材与世不相当，戢鳞委翅无复望。当今贤俊皆周行，君何为乎亦遑遑。杯行到君莫停手，破除万事无过酒。”

③ 王荆公：即王安石。一字题：以一个字为题。

④ 损：减少。

⑤ 自为之：自己所作的诗。

译文

韩退之的诗句有“断送一生唯有酒”，又有“破除万事无过酒”。王荆公将这两句诗戏改为“一字题”诗四句为：“酒，酒，破除万事无过，断送一生唯有。”没有减少一个字，而寓意和韵味都像是自己创作出来的。

图书在版编目（CIP）数据

梦溪笔谈译注 /（宋）沈括著；王洛印译注. —北京：北京联合出版公司，2015.7（2023.8重印）

ISBN 978-7-5502-3912-8

Ⅰ.①梦… Ⅱ.①沈… ②王… Ⅲ.①笔记－中国－北宋②《梦溪笔谈》－译文③《梦溪笔谈》－注释
Ⅳ.①Z429.441

中国版本图书馆CIP数据核字（2015）第143338号

梦溪笔谈译注

作　　者：（宋）沈括
译　　注：王洛印
出 品 人：赵红仕
选题策划：梁明德　邵鹏军
责任编辑：王　巍
特约编辑：肖　瑶
封面设计：格林文化
版式设计：格林文化

北京联合出版公司出版
（北京市西城区德外大街83号楼9层　100088）
三河市华润印刷有限公司　新华书店经销
字数148千字　960毫米×640毫米　1/16　印张22.25
2015年9月第1版　2023年8月第3次印刷
ISBN 978-7-5502-3912-8
定价：52.00元